高校思政教育实践育人路径研究

张居伟　张晓梅　赵媛媛◎著

北京燕山出版社
BEIJING YANSHAN PRESS

图书在版编目（CIP）数据

高校思政教育实践育人路径研究 / 张居伟，张晓梅，
赵媛媛著.—北京 ： 北京燕山出版社，2023.12
ISBN 978-7-5402-7165-7

Ⅰ．①高… Ⅱ．①张… ②张… ③赵… Ⅲ．①高等学
校－思想政治教育－研究－中国 Ⅳ．①G641

中国国家版本馆 CIP 数据核字(2024)第 017549 号

高校思政教育实践育人路径研究

作　　者	张居伟　张晓梅　赵媛媛
责任编辑	满　懿
出版发行	北京燕山出版社有限公司
社　　址	北京市西城区椿树街道琉璃厂西街20号
电　　话	010-65240430
邮　　编	100052
印　　刷	北京四海锦诚印刷技术有限公司
开　　本	185mm×260mm　1/16
字　　数	199千字
印　　张	10.75
版　　次	2024年4月第1版
印　　次	2024年4月第1次印刷
定　　价	72.00元

作者简介

张居伟，男，硕士研究生，现任职于石家庄学院，讲师。自 2015 年入职以来，一直从事辅导员和共青团工作，主要指导班级建设、学生会建设、学生社团建设、志愿服务等工作，先后获河北省德育先进工作者、石家庄市青年拔尖人才、石家庄市优秀团干部、石家庄市优秀辅导员等称号。同时，还担任了北京冬奥会国内技术官员、河北省冰雪运动会竞赛长等职务，多次获得优秀裁判员称号。

张晓梅，女，法学硕士，现为河南工业职业技术学院马克思主义学院讲师，从事马克思主义理论与思想政治教育的教学与研究工作。近年来发表论文二十多篇、专著 2 部，主持课题十余项，获河南省优秀思想政治理论课教师、河南省第十四届高校思想政治理论课奖励基金一等奖、河南省高校思想政治理论课示范"金课"一等奖等荣誉。

赵媛媛，女，汉族，1988 年 6 月出生，中共党员，硕士研究生，河北机电职业技术学院讲师，现任河北机电职业技术学院材料与建筑工程系辅导员、团总支书记。研究方向为"大学生思想政治实践教育""劳动教育"等，在思政教育领域主持和参研省部级项目 1 项、市厅级项目 6 项，发表论文十余篇。曾获河北省第六届辅导员素质能力大赛专科组决赛一等奖、2020 年"镜头中的三下乡"优秀指导教师、河北省高校辅导员 2021 年暑期"大家访"活动先进个人等省级荣誉 5 项、市级荣誉 4 项。

前　言

高校思想政治理论课是对大学生进行系统的马克思主义理论教育、社会主义核心价值观教育，引导大学生树立正确的世界观、人生观和价值观的核心课程，是落实立德树人根本任务的主干渠道、关键课程。在新时期，新的形势和任务对思想政治理论课提出了新挑战和新要求。面对世界范围内各种思想文化交流、交融、交锋更加频繁和国内社会各种观念意识更加多元、多样、多变的局面，如何教育引导大学生正确认识世界和中国发展大势、正确认识中国特色和国际局势、正确认识时代责任和历史使命、正确认识远大抱负和脚踏实地，是思想政治理论课教育教学亟待突破的重点内容，也是思想政治理论课教师必须认真思考和完成的重大而紧迫的课题。这无疑需要进一步推进思想政治理论课综合改革与协同创新，深化教育教学艺术的理论研究与实践探索。

本书主要从大学生思想政治教育的理论基础等着手，系统阐述新时代大学生思想政治教育的相关内容，为当前大学生思想政治教育工作开展提供有益的指南。本书既有较深厚的理论基础，为读者提供理论的指引；又有实践的方法路径，为读者提供具体的工作参考，展现新时代大学生思想政治教育工作的方方面面。本书紧扣实践育人的主题，具有时代性、理论性和实践性的特点，兼顾理论和实践，既具有深度也具有温度，能成为大学生思想政治教育一线工作者的参考书。

本书在创作过程中参考了相关领域诸多的著作、论文、教材等，引用了国内外部分文献和相关资料，在此一并对作者表示诚挚的谢意和致敬。由于时间及能力所限，作者在撰写的过程中难免会存在一定的不足，对一些相关问题的研究不透彻，恳请前辈、同行以及广大读者斧正。

目　录

第一章　大学生思想政治教育概要

第一节　大学生思想政治教育的内涵

新时代大学生思想政治教育的基本理论中涉及大学生思想政治教育的内涵、特点、价值等内容，通过对新时代大学生思想政治教育的基本理论的剖析，从学理层次认识和解读大学生思想政治教育，引领大学生思想政治教育的实践工作。

一、大学生思想政治教育的含义

在当前时代发展环境不断变化的前提下，如何理解大学生思想政治教育的首要问题就是要从基础的概念出发，分析其基本内涵。同时还要加深对基本目标、主要内容以及实现途径等方面的理解。

（一）思想政治教育与大学生思想政治教育

思想政治教育的范畴与大学生思想政治教育的范畴有不同的界定，思想政治教育的含义大于大学生思想政治教育的应有之意。大学生思想政治教育针对特定的大学生群体，具有更为明确的主体对象。

1. 思想政治教育概念的界定

思想政治教育是指一定的阶级、政党、社会群体遵循人们思想品德所形成发展的规律，用一定的思想观念、政治观点、道德规范，对其成员施加的有目的、有计划、有组织的影响，并使其形成符合一定社会、一定阶级所需要的思想品德的社会实践活动。这一论述为学者们提供了重要的学术参考和研究方向。

这里通过整合众多学者的观点，结合时代的发展特征，提炼和升华不同学者观点中的核心点和共通点，既要突显政治教育的重要性，也应达到内化于心的效果，才能有效扩充这个富含历史性和时代性的概念的内容。思想政治教育是指一定的阶级、政党、社会群体为达到自己的政治目的，受社会政治、社会经济、社会文化的制约和影响，在遵循人们思想品德形成发展规律的同时，通过一定的基础性、主导性和拓展性内容的思想对其所有社会成员施加有目的、有计划、有组织的意识影响，实现以政治教育为主导，兼具思想观念、政治观点、道德规范、心理综合教育等，使其接受并内化的一种社会实践活动。思想政治教育，从实质上讲就是对个体实际需要和社会发展需求的满足，它以人为主要载体和实践对象，分层、分阶段进行有目标、有计划的实现满足人的各种需要的教育实践活动。

2. 大学生思想政治教育

大学生思想政治教育就是以大学生为主体开展的教育实践活动，有特定的主体对象、要素内涵和方法路径。这个概念的关键词是大学生和思想政治教育，二者综合为一个独特的教育实践。大学生又主要是以高等院校的学生为特定的教育主体和教育对象。这一群体的个体意识发展阶段处于青年初期水平，有这个阶段独特的个体思想特点、情感特点、行为特点，在教育过程中必须遵循相应的规律。同时还要结合当前国家和政党人才培养的需求，以立德树人为中心任务。大学生思想政治教育的目标就是要培养社会主义的建设者和接班人，要学习党史、新中国史、改革开放史、社会主义发展史，要提升道德修养和综合素质。可以说，大学生思想政治教育是指高校以马克思主义理论为指导，根据社会发展需求和自身发展需要，在适应社会发展脚步、满足社会发展需求、获取社会发展反馈的过程中，通过理论学习和实践锻炼等多种方法，让大学生学习、理解、接受、内化、实践党的路线方针政策，保证思想政治教育的延续性和有效性。

思想政治理论课和日常思想政治教育是主阵地和主渠道。主阵地是课堂，有思政课程和课程思政，在课堂上无论是思想政治理论课教师、哲学社会科学教师还是其他课程教师都应当通过课堂教授党的理论、传递正能量，从而在思想上引领学生形成正确的世界观、人生观和价值观，自觉抵制错误思潮。主渠道是日常思想政治教育，包括辅导员工作、学生党团活动、第二课堂活动等，实现思想政治教育全过程的全覆盖，在空间上包括校内外的场所，在时间上包括课堂内外的时间。大学生接受的思想引领是一致的，没有出现消解和消耗，让教育能够持续发挥作用。

目前，马克思主义信仰的火种已经在中国大地生根发芽，中国正朝着第二个目标奋进。面对两个伟大变局，面对高速发展的列车，坚持党的领导是核心保证，高校始终坚持社会主义办学方针，擦亮鲜明的底色，应当始终坚定不移地以马克思主义为指导，至死不渝地以发展马克思主义为己任。培养有志气、有骨气、有底气的新时代青年，让青年成为中华民族伟大复兴事业的继承人。在此前提下，青年大学生从最初的感知表象逐渐过渡到理解本质，青年大学生正确理解和感悟真学、真懂、真信，进而在认知的层面上逐渐形成和保持一致，认识"成为什么人"的问题，在身心认同的基础上继而接受用唯物主义辩证法思考问题、解决问题，最终从被动接受转化成自己内心的信仰，并用行动践行理论。

（二）思想政治教育的内涵

目标是导向和引领，有了目标才能让工作具有明确的方向，指导具体的行动。大学生思想政治教育的目标就是解决"为谁培养人、培养什么人、怎样培养人"的问题，要厘清这一问题指导教育实践，为党育人、为国育才。

1. 新时代大学生思想政治教育的基本目标

中共中央、国务院颁布的《关于加强和改进新形势下高校思想政治工作的意见》，明确提出了新时期大学生思想政治教育工作目标的内涵，即全面贯彻党的教育方针，坚持社会主义办学方向，以立德树人为根本，以理想信念教育为核心，以社会主义核心价值观为引领，为实现"两个一百年"的奋斗目标、实现中华民族伟大复兴的中国梦，培养又红又专、德才兼备、全面发展的中国特色社会主义合格建设者和可靠接班人。

高等教育坚持的原则是保持社会主义办学的方向，全面落实人才培养坚持党的领导，不能有丝毫的懈怠和变通。在大船行驶过程中不能偏航、不能抛锚，遇到狂风暴雨要保持清醒的定力和良好的工作方法，闯过风雨就会迎来目标的实现。根本是立德树人，十年树木，百年树人，通过思想政治教育让党的理论方针政策路线得到广大青年的认可和拥护，让青年树立崇高的理想，在政治观点、道德要求等方面都能适应社会发展的需求，并为社会发展做出自己应有的贡献。每一代人都有自己的使命和责任，新时代青年就是中华民族伟大复兴的重要力量，青年强则国强。

2. 新时代大学生思想政治教育的主要平台和实现路径

（1）新时代大学生思想政治理论教育的主要平台

新时代大学生思想政治理论教育的核心要点在于落实思想理论教育和完成价值引领，它的主要内容及实现路径主要体现在以下四个方面：

思想政治理论课的主渠道。高校思想政治理论课是大学生在校接受教育过程中的必修课程，是高校思政教师一直在不断探索和追求的事业。通过小课堂讲出大道理，用中国共产党百年历史和伟大的实践感染学生，用先进典型事例打动学生和激发学生。

开展形势政策教育。通过课堂学习和贯彻落实习近平总书记最新讲话精神，紧密结合国际国内形势变化深度解读世情、国情、党情，有理、有据、有效地回应学生关注的热点问题、难点问题，在双向对话中实现教育目标。及时、准确、深入地推动习近平新时代中国特色社会主义思想走进教材、走进课堂、走进学生头脑，帮助大学生正确认识国际、国内形势，引导大学生准确理解政治理论创新的最新成果、新时代坚持和发展中国特色社会主义的伟大实践，牢固树立"四个意识"，还要把坚定"四个自信"贯穿思政课教学的全过程，培养学生的时代使命感、引导学生树立远大理想，使学生能够成为担当中华民族复兴大任的时代新人。

发挥哲学社会科学的优势。哲学社会科学大部分学科具有鲜明的属性，各学科都要结合学科特点，深入挖掘党史、新中国史、改革开放史、社会主义发展史等内容，实现有机融合。在教学过程中应该充分贯彻落实习近平新时代中国特色社会主义思想，推进习近平新时代中国特色社会主义思想进课程进教材，不断丰富学习内容，增强可行性与可学性。然后还要发扬理论联系实际的精神，围绕大学生普遍关注的国家、社会重大问题、自身发展的具体问题，在真问题上实现理论与实践的双重互动，帮助大学生构建科学的理论基础、坚定正确的政治方向，形成并强化观察和思辨的能力，引导学生在学思践悟中坚定理想信念，在奋发有为中践行初心使命，不断增强历史定力、锤炼历史思维。

创新课程思政。各学科的专业课程围绕自身特点与习近平新时代中国特色社会主义思想的相关内容有效衔接与有机融合。专业课程中的许多问题是可以和中国发展、中国共产党的历程等内容有机结合的。以经济学类课程为例，中国近代经济发展，尤其是社会主义建设、改革开放、全面建成小康社会，就是一部非常厚重的经济发展史，理论与实践紧密结合的经济实践史。讲透计划经济到市场经济的过渡、政治与经济的关系等问题，就能够让广大青年看到百年来中国经济发展离不开中国共产党的坚强领导。课程思政的创新通过教学目标、内容大纲、案例设计等让专业课润物细无声，同心同向培养人。

（2）新时代大学生日常思想政治教育的主要实现路径

随着时代社会的发展需求和大学生自身发展成长的需要不断扩大，大学生思想政治教育的实现途径主要体现在以下四个方面：

加强理想信念教育，教育引导学生全面系统地学习马克思列宁主义、毛泽东思想、"三个代表"重要思想、科学发展观、习近平新时代中国特色社会主义思想。通过学习原著、原理，回到原点，认识理论产生的时代背景、现实意义，用科学的理论武装头脑，去引领实践。大学生要增强做中国人的志气、骨气、底气，不负时代、不负韶华、不负党和国家的殷切希望，才能成长为担当民族复兴大任的时代新人。

加强国家安全教育、国家意识教育，加强民族团结进步教育、社会责任意识教育，加强法治意识教育、国家科学精神教育，以诚信教育为基础和根本，加强广大青年学生社会公德、家庭美德、个人品德、职业道德教育。

弘扬中华优秀传统文化。中华文明源远流长，中华民族有几千年来形成的优秀品质，尤其是近代以来中华民族面对列强的侵略，中国共产党引领中国人民在探索新的道路上形成了许多伟大精神。以伟大建党精神统领的精神谱系是最好的教育资源。利用我国重大历史事件纪念活动、爱国主义教育基地、改革发展的伟大成就、国家公祭仪式等鲜活文化载体来组织开展主题教育，使学生更能感同身受、身体力行。

党团建设及活动开展。党支部是最基层的党组织，是党的战斗堡垒。通过党员的学习活动、主题活动等，入党积极分子、预备党员能够对党组织产生归属感、认同感。各学生组织开展活动也是进行思想政治教育延伸的重要渠道，通过贴近大学生的实际需求，用创新的方式开展活动。

二、大学生思想政治教育的特点

（一）时代性与民族性相结合

时代精神和民族精神皆是大学生思想政治教育的重要内容，而时代性与民族性的结合也是其首要特点。时代性是当下国际国内社会发展情况的具体体现，民族性是民族精神的赓续，具有民族发展历程中独特的基因密码。首先，大学生思想政治教育活动始终与时代发展保持着紧密联系。当今时代飞速发展，各类新事物不断涌现，当下的大学生们自信、好强、好奇、好动手，他们拥有充分的动机和浓厚的兴趣去面对处于雏形阶段的新事物或已然发展了的新事物，并且对新事物抱以足够的容纳度。在新的历史时期，2021 年 7 月 1 日，中国共产党成立 100 周年的庆祝大会上，习近平总书记庄严宣告："我们实现了第一个百年奋斗目标，在中华大地上全面建成了小康社会，历史性地解决了绝对贫困问题，正在意气风发向着全面建成社会主义现代化强国的第二个百年奋斗目标迈进。"[①] 这就是我们当前最大的时代特点，中国社会的主要矛盾已经发生转变，社会物质条件不断丰富，精神文明建设也在进一步发展过程中。物质发展过程中，新时代青年的思想特点、价值观念等都有所变化，呈现出新的时代特点。马克思主义中国化的进程也就是将马克思主义根植于中国的优秀文化之中并不断融合、发展和创新的过程。中华民族几千年来积淀的优秀品质和基因密码在新的时代仍然显现出生命力。中华民族共同体的民族性在新的历史时期仍然是追求中华民族伟大复兴的精神内核。

---

① 习近平. 在庆祝中国共产党成立 100 周年大会上的讲话 [EB/OL]. (2021-07-01) [2021-08-12]. 中国政府网.

（二）综合性与生动性相结合

思想政治教育是一个系统活动，包含着大、中、小学教育活动的衔接，以及社会思想政治工作。而大学生思想政治教育同样具有场域性、内容性的整合，并非一个独立的活动，而是综合性的系统工程。大学生是一个特殊的学生群体，从低年级到高年级处于不同成长阶段的大学生都有大大小小、不尽相同的发展需求和成长需要，如低年级时有选择专业、恋爱交往的困扰等诸多问题，而在高年级时则对就业升学、未来发展等有着不同程度的困惑，这些具体的、看似微不足道的日常问题实际上都会影响学生们当下或未来的发展。这些问题普遍存在且具有一定的共通性，但对不同学生而言这些问题的侧重点可能并不相同，比如学生之间存在着个体差异性、专业的不一致性、性格类型不同等千差万别，呈现出共性与个性、普遍性与特殊性的关系。大学生思想政治教育工作就是要从学生的具体实际出发，根据学生的具体需求，以学生的终身发展为落脚点，有针对性地解决各种学生关心的实际问题。只有具体的生动的教育形式和教育实践活动才能让学生真正拥有获得感和满足感，也只有这样，思想政治教育的价值才能真正得以实现。

生动性是思想政治教育活动贴近学生实际产生的情感共鸣，贴合新的事实、新的情况、新时代的青年。2018年是"00后"学生普遍进入高校学习的第一年，这些出生在21世纪、成长在21世纪的大学生们在思想上、行为特点上有别于"80后""90后"，他们朝气蓬勃、开放自信，与网络世界深层次接触，知识面宽广、思维活跃、敢于尝试未知领域和新鲜事物，具有较强的正义感，但也存在自我为中心、眼高手低的现象，抗挫折能力弱。同时，他们的价值观还处于雏形或待成熟的发展过程中，心智尚未成熟，对社会事件、网络信息的甄别能力还有待提高，对典型事件较为敏感，敢于发表自己的看法。面对纷繁复杂、思想文化多元的互联网世界，"00后"大学生更容易受到网络社交平台各种新闻事件、各类信息的影响，这给高校思想政治教育工作带来了新的任务和挑战。

丰富多样的网络文化平台、网络社交平台、网络游戏使学生们的思维习惯、生活习惯、语言习惯更加个性化，他们渴望表现出成熟的特点，却又常常眼高手低、纸上谈兵。升入大学后，很多"00后"大学生很难快速适应高校的学习生活节奏，得不到周围同学老师的认可，无法找到高效且适合自己的学习方式，生活自理、自律能力较差，也不太能适应集体生活，进而依赖、沉迷于网络，逐渐与现实脱节。很多"00后"大学生具有盲目自信的心理状态，喜欢冒险，企图通过尝试标新立异获得成就感，渴望被人关注和认同，但同时抗挫折能力较弱，由于成长过程中顺境远多于逆境、表扬多于责备，一旦遇到挫折就会茫然慌乱、束手无策，害怕被人冷落。在日常学习方面，由于个人思维经常被虚拟世界占据，一部分学生呈现出明显的趋避冲突的心态，因此对网络虚拟世界和现实学习生活两者分配的时间和精力就出现了较大的偏差，趋向网络虚拟世界而规避现实学习生活，从而造成主动学习动力不足、平均成绩下降、不及格率升高。这就要求新时代大学生思想政治教育活动既要生动有趣又得以理服人，既要重视课堂教学入脑入心又要有意识地引导大学生积极主动地参与社会实践锻炼。显然，新时期下的思想政治教育更加微观、更加贴近日常、更加集中于学生本身，因而应当常态化地将思想政治教育贯穿于大学生学习、生活等各个方面，以更好地满足当下的发展需求以及学生的发展需要。

（三）历史性、现实性与理想性相结合

新时代大学生思想政治教育活动有历史性、现实性、理想性结合的特点。出于历史与现实的原因，大学生们缺乏社会经验、社会阅历较少、历史沉淀文化积累不足，但他们拥有青春年少的绝对优势，对自己所处社会的历史文化表现出浓厚的兴趣，并积极主动地去了解去践行，同时希冀自己能深深植根于民族文化之中、能为民族文化发展添砖加瓦。但是，他们也常会感到迷茫与困惑，对现实社会中出现的各种现象、社会新闻事件异常关注和敏感，想要去了解、探索和研究，也会经常提出各种问题、各类矛盾，希望得到权威的解答。因此，大学生思想政治教育必须紧密联系学生的思想、学习、生活等具体实际，及时为学生们答疑解惑，解除他们成长过程中的各类困扰，在工作中把解决思想困惑和生活实际结合起来，指引他们顺利健康快乐地成长。另外，大学生朝气蓬勃、对未来抱有期待、对个人的未来发展有着憧憬，思想政治教育必须结合学生的具体实际，引导他们走向正确的方向和进行合理的价值选择，树立远大的理想信念并脚踏实地、刻苦肯干。大学生思想政治教育的历史性、现实性与理想性，是相互贯通、互相转化的。

习近平总书记曾指出全党要关心和爱护青年，因为青年是未来的人才，是历史重任的继承者。要让大学生思想政治教育在青年全面健康成长的过程中发挥极其重要的作用。对于00后的大学生，除了创新方法，继承理论的运用也非常有必要。思想政治教育随着时代的发展和学生情况的发展要不断做出调整，要做到实事求是、与时俱进，不断改革和创新，为新时代高校人才培养、国家综合实力不断提高、实现"第二个百年"目标、实现中华民族伟大复兴的中国梦贡献积极的力量。

第二节 大学生思想政治教育的指导思想和基本原则

进入新时代以来，党中央高度重视思想政治工作，尤其是新时代大学生的思想政治教育工作。开展大学生思想政治教育工作首先要明确指导思想和基本原则，正确的指导思想和原则是准确回答新时代培养什么样的大学生、如何培养以及为谁培养的根本性问题，也是思想政治教育在实践中能够取得良好效果的前提条件。

一、大学生思想政治教育的指导思想

经过百年的发展历程，思想政治工作已经成为中国共产党的优良传统和政治优势，历届党的领导人给予了思想政治工作高度重视，特别是对大学生的思想政治工作。进入新时代，面临新的发展形势，高校思想政治工作已经成为一项复杂严峻的工程。这项工程不仅涉及了高校领导班子的交替，还影响着中国特色社会主义事业接班人培养的工作。

（一）坚持马克思列宁主义及其中国化成果

2004年10月14日，中共中央、国务院发布《关于进一步加强和改进大学生思想政治教育的意见》，明确指出加强和改进大学生思想政治教育的指导思想为："坚持以马克思列宁主义、毛泽东思想、邓小平理论和'三个代表'重要思想为指导……培养德智体美全面发展的社会主义合格建设者和可靠接班人。"[1] 正是在这一正确指导思想的指引下，提出了加强和改进大学生思想政治教育的六大基本原则：一是教书与育人相结合；二是坚持教育与自我教育相结合；三是坚持政治理论教育与社会实践相结合；四是坚持解决思想问题与解决实际问题相结合；五是坚持教育与管理相结合；六是坚持优良传统与改进创新相结合。这些指导思想和基本原则提出至今已经有17年的时间，但并不意味着这些思想和原则已经过时，它们仍然在目前的大学生思想政治教育中发挥着重要的指导作用。此后党中央和国务院多次就思想政治工作发表相关意见，这些意见大多是从宏观层面进行阐释，引导思想政治教育工作的发展。

2017年2月27日，中共中央、国务院印发了《关于加强和改进新形势下高校思想政治工作的意见》（以下简称《意见》），《意见》对加强和改进高校思想政治工作的指导思想进行了全新的表述，即"高举中国特色社会主义伟大旗帜……培养又红又专、德才兼备、全面发展的中国特色社会主义合格建设者和可靠接班人"。[2]《意见》还同时阐述了加强和改进高校思想政治工作的五项基本原则：一是坚持党对高校的领导；二是坚持社会主

---

① 中共中央，国务院. 中共中央国务院发出《关于进一步加强和改进大学生思想政治教育的意见》[N]. 光明日报，2004-10-15（1）.

② 中共中央，国务院. 中共中央国务院发出《关于加强和改进新形势下高校思想政治工作的意见》[N]. 光明日报，2017-2-28（1）.

义办学方向；三是坚持全员全过程全方位育人；四是坚持遵循教育规律、思想政治工作规律、学生成长规律；五是坚持改革创新。2017年印发的《意见》中没有直接指向大学生思想政治教育，但我们仍然可以从2004年和2017年两版《意见》中有关指导思想和基本原则的表述和调整变化看出，党中央越来越重视高校的思想政治教育工作，高校思想政治教育的地位也随之不断提高，这些调整和变化也体现了党中央对高校思想政治教育工作要求的不断提高，这对高校思想政治教育和大学生思想政治教育来讲既是机遇也是挑战。

（二）坚持习近平新时代中国特色社会主义思想

2020年4月28日，教育部等八部委发布的《关于加快高校思想政治工作体系建设的意见》明确提出了加快高校思想政治工作体系建设的指导思想"以习近平新时代中国特色社会主义思想为指导……全面提升高校思想政治工作质量。"① 在这里我们可以看出，2020年发布的《意见》是对2017年《意见》的发展延续和补充配套，这显示了党中央对高校思想政治教育的重视程度。这些《意见》的发布不仅有助于我们在理论上进行研究，而且有助于我们在实际中开展工作，可以说为高校思想政治工作和大学生思想政治教育提供了正确的方向性指导以及切实的实践指引。

二、大学生思想政治教育的指导原则

作为高校思想政治教育的重要组成部分，大学生思想政治教育所遵循和坚持的指导思想和基本原则应当与高校思想政治工作的指导思想和基本原则是一致的。那应当怎样在实践中贯彻落实这一指导思想和基本原则呢？我们认为应当做好以下两点：一是做到坚持社会主义办学方向，并且要落实好立德树人的根本任务；二是要正确把握大学生思想政治教育基本原则的四大特征，即政治性、全面性、科学性和创新性。

（一）坚持社会主义办学方向，是新时代坚持和发展中国特色社会主义教育的根本原则

习近平总书记在2016年12月召开的全国高校思想政治工作会议上强调："我国高等教育肩负着培养德智体美全面发展的社会主义事业建设者和接班人的重大任务，必须坚持

---

① 教育部等八部门关于加快构建高校思想政治工作体系的意见［EB/OL］.（2020-04-22）［2021-08-12］. 中国政府网.

正确政治方向。"① 认真领悟习近平总书记的这次讲话，我们能够认识到我国的国家性质和党的领导地位决定了要办好具有中国特色的世界水平的现代化教育首先应当坚持办学的社会主义方向，以构建德智体美劳全面培养的教育体系为目标，把培养德智体美劳全面发展的社会主义建设者和接班人作为根本任务。其次应当把"坚持为人民服务、为中国共产党治国理政服务、为巩固和发展中国特色社会主义制度服务、为改革开放和社会主义现代化建设服务"作为社会主义办学的根本要求，推进人才培养体系向更高层次发展，培养学生树立社会主义核心价值观、全方位的品格和重要能力，坚持把立德树人融入对大学生思想政治教育的全过程中，重视对学生道德方面的教育，用中华优秀传统文化感染学生，推进全员、全程、全方位的育人。

（二）把握好大学生思想政治教育基本原则的主要特征，更好地贯彻落实高校思想政治工作的指导思想和基本原则

1. 政治性

坚持党对高校的领导是大学生思想政治教育基本原则政治性的主要体现。中国共产党是中国特色社会主义事业的领导核心，高校党建是国家教育事业的重要组成部分。中国特色社会主义制度的最大优势就是可以集中力量办大事，所以我国的教育事业用了短短十几年的时间，就从精英教育转变为大众教育，高校在校学生的规模也跃居世界第一。历史已经证明，坚持党对高校的领导是实现高等教育事业持续健康发展的根本保证。坚持党对高校的领导，就要牢牢把握意识工作的主导权和话语权，以马克思主义的理论武装头脑、指导实践，发挥高校党委在学校工作中的主体责任，完善党委领导下的校长负责制，保证高校党建正确的政治方向，以实际行动维护以习近平同志为核心的党中央的权威和集中统一的领导。

2. 全面性

全员、全过程、全方位育人是大学生思想政治教育基本原则全面性的主要体现。全员、全过程，全方位育人也可称为"三全育人"。全员育人指的是既包括高校教师在内的专门从事思想政治工作的人员，还包括其他教职员工以及后勤保障人员在内所有高校人员都应当参与到高校思想政治工作中来，没有人是置身事外的，每个人都承担着一份责任，这是一种多方参与的、全面开放的教育方式。全过程育人指的是不仅在课堂上或活动中对

---

① 习近平在全国高校思想政治教育工作会议上强调：把思想政治教育工作贯穿教育教学全过程开创我国高等教育事业发展新局面［N］. 人民日报，2016-12-09（01）

学生开展教育，还应当对整个思想政治工作的每一环节进行完善，从各个角度在学生的日常生活中融入思想政治工作，潜移默化地影响学生，内化于心，外化于行。全方位育人则指向影响学生思想品德形成的各个方面，主要涉及育人的基础设施、育人的环境、育人者的思想行为、学生间的人际关系、每个学生的生活习惯等，这些都是全方位育人需要考虑的因素。

3. 科学性

遵循教育规律、思想政治工作规律以及学生成长规律是大学生思想政治教育基本原则科学性的主要体现。教育规律体现在以教书为手段、育人为目的的内在统一关系上。高等学校是为社会和国家培养人才的重要场所，教师不仅要把知识教给学生，还要教会学生怎么做人，实现教书与育人相结合。

当前我国高等学校中，一些教师认为，教学任务的完成等同于育人任务的完成，只需要传授给学生专业知识，思想政治工作是领导、辅导员、党政人员的责任，与自己无关，这就导致了"重教书轻育人"的不良现象存在。教书与育人是不可分割的，做好高校思想政治工作要把教书和育人结合起来，遵循教书育人的规律。遵循思想政治工作规律就是要顺应形势和时代的变化，实现高校思想政治工作的改革创新，研究高校思想政治工作的新特点，遵循适度张力的规律、教育与自我教育的规律、协调各因素同向发挥作用规律，采取贴近学生实际的喜闻乐见的方式进行认知教育。遵循学生成长规律指的是树立学生为本的理念，把握学生特点，认识发展的阶段性和连续性、共性和个性。以学生的发展为出发点和落脚点，不能脱离学生，结合学生的学习、生活和思想等各方面的实际情况，为其量身定做思想政治教育活动，推出能够得到他们广泛接受和认可的活动，促进其主动接受这些活动背后的价值理念，培养他们成为德才兼备、全面发展的人才。

4. 创新性

观念、内容、机制、方式的创新是大学生思想政治教育基本原则创新性的主要体现。观念的创新指的是在新时代背景下，高校思想政治工作者应当跟上时代发展，摒弃过去腐朽落后的教育理念，跟上学生的步伐，树立全新的价值观、任务观和主体观。新时代更加强调民主平等，思想政治工作者应当主动放低姿态与学生平等交流，对其进行正面积极的引导。内容的创新指的是高校思想政治工作者要关注时事，敏锐洞察社会发展趋势，提高工作的实效性，充分利用新现象、新案例开展教育工作，与时俱进，适当运用网络流行语拉近与学生的距离，提高工作的针对性，这样才能为建设中国特色社会主义现代化事业培养与时代无缝接轨的建设者和接班人。工作机制的创新指的是在坚持马克思主义理论的指导地位的基础上，结合高校本身的具体情况，全方位考虑全校人员学习、工作、生活等各方面的因素，着力思考解决目前的突出问题，打造一个协调、全面、有序的高校工作运行机制，进而提高高校思想政治工作的制度化、规范化水平。方式的创新指的是利用各种现代化信息沟通渠道掌握学生的思想动态，如利用微信、QQ、微博等方式与学生进行一对一的交流，此外还可以鼓励学生在学校的论坛或网站上留言，表达自己的想法，根据学生的思想发展动态，进行有针对性的沟通与引导。

第三节　大学生思想政治教育的价值

在整个学术界，对思想政治教育价值这个概念的定义被广泛认可和接受的是项久雨做出的较为详细的论述。主体在思想政治教育的实践和认识活动中建立起来的，以主体尺度为尺度的一种客观的主客体关系，是思想政治教育的存在及其性质是否与主体的本性、目的和需要等相一致、相适合、相接近的关系。在教育实践活动中这种关系对受教育者的发展起到了一定的作用，在社会关系中对人类社会的发展与进步呈现出一种积极的作用。

在不同的依据下，思想政治教育价值呈现多样性，涵盖多种类型。其中以不同的主体属性，可将其划分为社会价值、集体价值和个体价值。

一、社会价值

(一) 思想政治教育的社会价值内容

思想政治教育的社会价值所包含的内容，目前整个学术界没有统一的观点。有的学者认为其内容主要包括经济价值、政治价值、文化价值和生态价值，也有学者认为其内容主要体现在保障物质文明建设、推进政治文明建设、促进精神文明建设和推动生态文明建设。以上学者的观点很明显是以思想政治教育作用的具体社会领域为分类依据的，体现在不同社会领域思想政治教育对各个主体需求的满足。从其内容的结构来看，可以说完全是无差异的，只是在表达方式上呈现出了差异性。这里认为思想政治教育的社会价值要建立在人的意识形态发展和社会道德形成发展规律的基础之上，以个体思想品德和社会良好风气的形成发展规律为依据，通过开展形式多样的教育实践活动，最终实现满足社会发展、推动社会稳步前进的目标。

（二）思想政治教育的社会价值的特征

思想政治教育的社会价值一方面具有激励性的特征，包括目标和情感的激励，既能够以社会发展目标带动社会成员，也可以通过某一感性因素鼓舞社会成员，使其团结在共产主义目标的旗帜下，从内心认可变为主动参与到建设社会主义伟大事业的实践活动当中，再进一步演变成为社会主义的伟大事业而奋斗终生。另一方面，思想政治教育的社会价值还表现在物质价值和精神价值方面，它拥有这两者的双重特性，并且实现两者之间的相互转化，但只有经历复杂的实践过程后才能真正将精神价值转化为物质价值，实现物质价值与精神价值的统一。比如，当社会成员拥有较强的主人翁精神和历史责任感、使命感并以此指导实践，其实践的结果多半是正向的、积极的，这代表精神价值向物质价值转化的成功，而思想政治教育的社会价值的精神价值也需要通过实践才能变成有利于社会发展的物质价值。

（三）大学生思想政治教育的社会价值

在当前的新时代和新形势下，如果要强化大学生思想政治教育的社会价值，就要对广大青年一代进行系统的主旋律教育。利用好思想政治理论课这个主渠道，开展形式多样、内容丰富的思想政治教育，发挥其价值引领。例如，开展中国特色社会主义教育、爱国主义教育、理想信念教育、责任担当教育时，可结合当今社会较为热门的议题。近年，面对突如其来的疫情，党中央高度重视，统揽全局，举国同心，全国上下一盘棋，有效遏制了病毒的蔓延，保护了人民群众的生命安全，这就是中国特色社会主义制度优越性的有力彰显。面对重大疫情时中国人民群众是如何应对的，医疗工作者们、共产党员同志们和志愿者们又是如何冲锋在前的，等等，这些生动的素材都可与思想政治教育相结合，由此让大学生们感悟到"中国优势"、体悟到伟大的抗"疫"精神、认识到医疗工作者们为了救死扶伤舍生忘死的精神、感受到共产党员同志们为了初心和使命甘为奉献的精神、体会到志愿者们服务社会服务他人的伟大精神。通过课堂教学、典型案例、文化熏陶、社会实践等形式教育学生养成优良的传统伦理和信仰，帮助其形成正确的价值观和高度的社会责任感，同时心怀爱国之情，立志为中国特色社会主义事业奋斗终生，肩负民族复兴的时代重任。

我们还应该意识到，大学生最终还是要在社会中扮演角色，在社会中服务他人，得到社会的评价和肯定。因而不能仅仅局限于"第一课堂"，即思想政治理论课堂，还应认识到"第二课堂"——实践教育也尤为重要。由此，除了学校课程体系中已规定的，还应为学生创造更多的社会实践机会。例如，不断给学生树立正确的实践观，努力实现社会实践常态化，从宿舍、班级、社团，到学校、社会，让学生们意识到社会实践不只是一种在周末、寒暑假的形式化的活动、突击性的活动，还应该是日常性的志愿服务、勤工助学、教学实习等各类课外、社会活动等，逐渐养成良好的服务意识，为同学们服务、为人民服务，模范遵守社会公德，学会规范自我行为，增强服务社会的能力，向社会传递正能量。另外还需要进一步增强社会实践活动的实效性。虽然当前很多高校已经将社会实践纳入课程体系管理，具体形式表现为专业实践、社会志愿服务等，但是在具体操作过程中还是存在着实践内容单一化、实践考核形式化、实践效果一般化的问题，这就要求高校进一步改进管理、运行、考核体系，确保专职教师负责，提供足够的经费支持，真正发挥社会实践推动思想政治教育发展的实效性作用，同时加强实践教育的内涵建设，坚持顶层设计，明确其目的、着眼点，而后有针对性地将思想内涵融入实践的各个环节，使大学生真正在实践中丰富思想政治内容并提高自身素质，进一步提升思想政治教育的效果和效率。

二、集体价值

(一) 思想政治教育集体价值的内涵

马克思主义认为，人总是个体的人与作为类的人的统一。在现实生活中，个体的人不是抽象地、单个地生活在社会中，而是处在由多位成员组成的某个集体中，通过集体的这一形式与社会发生关系。延伸到思想政治教育集体价值，简单地说就是指以思想政治教育的功能去满足由多位成员组成的集合体的发展需要的效益关系。如同集体与社会、个人之间的关系，思想政治教育集体价值是连接社会价值和个体价值的桥梁和中介，承上启下，同时也深刻影响着社会价值与个体价值。

思想政治教育的集体价值主要体现在三个方面：一是形成正确的、积极的集体心理；二是促成和巩固集体团结；三是构筑健康向上的集体文化。

1. 形成正确的、积极的集体心理

通过持续地研究集体成员的意识形态，实践行为的来源、产生及逐渐进步的过程，规范调整集体成员的心理偏差与动机，逐步调整集体成员的心理发展，最终形成正确的意识形态和思想观念。在规范集体成员的心理发展的整个过程中，要崇尚一致的追求目标，维持一种催人向上的、积极的心理动力，继而经过较为烦琐的过程后逐渐形成正确的积极的集体心理。

2. 促成和巩固集体团结

形成积极的、正确的集体心理，最终的目的是为了实现个人目标与行为融入集体目标与行为中。主要表现在每一个个体能明确自身需求并能通过多种渠道表达自己的需求，同时也能了解其他个体的需求，从而使矛盾得到解决并不再存在。通过有意识地引导，集体中的成员能正确认识到个体与集体间的联系，认识到个人是需要借助集体这一重要平台才能实现自我价值的现实处境，认识到两者之间是互相具有义务的。具体表现为个人要自觉维护集体利益，集体也要尽力保障个人利益。另外，集体中的成员在自觉将集体目标与个体目标融合起来时，要充分认识目标存在的合理性，努力为实现共同的集体目标而持续奋斗。

正如 2020 年全民抗"疫"战役中，为了尽快遏制病毒的蔓延和危害，举全国之力集中专家、医疗资源来救治患者，举国上下各行各业都在为抗"疫"贡献自己的一份力量。湖北人民居家配合疫情防控，共产党员、志愿者们挺身而出、迎难而上，逆行的医疗工作者们肉搏病毒、舍我其谁，普通群众捐款捐物、闭门隔离，无不体现了中华民族共同信念的价值追求。

3. 构筑健康向上的集体文化

文化是思想观念的最高形态。集体价值信念的教育，不仅为人们的行为方式提供价值信念的共识，还能提高人们对集体统一价值信念的认知与觉悟水平。在教育过程中通过各种方式的宣传，引导集体中的成员清醒地认识到错误信息、负面信息的危害性，对错误信息和负面信息要保持高度的警惕。同时认真分析其产生的根源，以及如何去抵制各种错误、消极的价值观念等。

例如在培育和践行社会主义核心价值观的过程中，可能因为集体中成员的个体差异性、劳动实践的差异性，产生的思想认知也存在差异，对一些问题的价值认知会出现一定程度的不一致。但通过制度和文化的力量，广泛凝聚不同集体的价值共识，将社会主义核心价值观内化于集体中成员的内心认知、外化于集体中成员的实践行为，实现每一个个体的价值观念与社会主义核心价值观相契合，进而统一思想、形成合力、协同攻坚克难，实现个人、社会、集体的高度统一。

（二）大学生思想政治教育的集体价值

大学生思想政治教育的集体价值是思想政治教育理论的重要组成部分，对其理论进行探索研究是发展思想政治教育理论的必然要求。因此，把握好其功能作用能够更好、更深入地研究个体价值和社会价值。个体离不开集体，脱离集体的个体无法生存。从宏观来看，思想政治教育的内容极度抽象；从个体来看，其内容又极为具体。大学生思想政治教育活动以大学生为群体开展，它不同于学生之间的教育或是学生的自我教育，而是依据社会一般性要求，基于大学生这一群体的实际接受程度、教育工作者的言传身教等具体实际情况所开展的教育实践活动。因此，要通过教育实践活动贯彻立德树人的根本任务，实现每个学生的全面发展，在新时代背景下发挥大学生思想政治教育的集体价值，不断提升教育实践活动的实效性。

在大学里，由于每个学生都是单独的个体，每个人的认知、个性、特征等方面都是极为不同的，因此极容易产生不同的观点或产生矛盾和冲突。而通过冷静调解和分析，我们就会发现大部分矛盾和冲突源于学生个体间缺乏沟通和交流。因此，在开展实践教育的过程中，可以通过开展形式多样的活动方式为学生们创造加强沟通与交流的机会和条件，随后通过对情绪的有效疏导，缓解人际关系的紧张，化解矛盾。在集体内部形成一个良好的环境，构建和谐友爱的人际关系，从而确保集体目标的圆满完成和顺利实现。例如，新生入学后要适应集体生活，从之前是每个家庭的宝贝到生活在一个屋檐下接纳他人的所有，是需要一个不断适应的过程的。开始源于对新鲜事物的好奇和探索，宿舍舍友之间的矛盾不会立即凸显，但随着时间的推移，加之个体的差异性，如若没较好的沟通与交流，很容易出现寝室矛盾，需要教师介入进行调和。通过开展一系列的谈心谈话、心理疏导、团体辅导等活动方式，引导学生学会接纳他人的不足，同时看到自身的缺点，通过对情绪的有效疏导，缓解紧张的人际关系，从而构建友爱、温馨的寝室环境，有利于宿舍各个成员的成长与进步。

通过各种途径和方式的实践教育，去培养学生们的集体认同感、归属感以及荣誉感，强化学生们的集体情感和集体行为，久而久之学生们就会从内心奔涌出热爱集体的情感，最终自主自觉地投身于集体活动中，朝着最终目标迈进。例如在理想信念教育的过程中，从大学生共产党员入手，通过展示学生们身边熟悉的人的典型事迹，让学生们看到共产党员的先锋模范带头作用，例如那些志愿加入抗"疫"斗争的大学生党员志愿者、那些放弃优渥薪酬待遇甘愿在脱贫攻坚一线的大学生"村官"、那些为了捍卫国家利益冲锋在前的无名英雄，鼓励青年大学生要结合具体实际树立鸿鹄之志，坚定马克思主义信仰，为实现中华民族的伟大复兴中国梦继续不懈努力。

新时代大学生思想政治教育要时刻关注社会和谐发展，做好主流价值引领，将大学生思想政治教育的内容和目标潜移默化地渗透到学生的思想和行为当中。例如在开展教育实践过程中，通过各种渠道的广而告之，引导大学生清醒地认识到错误信息、负面信息的危害性，对错误信息和负面信息要保持高度的警惕。同时认真分析其产生的原因，以及如何去抵制各种错误、消极的价值观念等。坚持将社会主义核心价值观贯穿于教育教学和日常工作的全过程，引导大学生坚持集体主义价值观教育，认识到个体价值是集体价值和社会价值的基础，集体价值是个体价值和社会价值的中介，社会价值是集体价值和个体价值的综合，从而能够正确地处理国家、集体、个人三者之间的关系。

三、个体价值

(一) 大学生思想政治教育个体价值的内涵

思想政治教育个体价值是指思想政治教育对个体发展的意义。其核心体现在对个人成长的一种推进，包括个人意识、政治观念、思维意识的健全和完善，促进个体综合向上发展，进而实现个体价值。延伸到大学生思想政治教育的个体价值，即教育实践活动对学生群体发展的实效性和积极意义。其主要表现在个体不断向政治社会化倾斜，满足大学生个体政治社会化需要；大学生个体精神需求的满足，自我认知和实践能力的逐步提升，逐渐实现个体全面发展。换言之，通过主旋律的教育实践活动，在此过程中让学生捕捉到正确的信息，将所包含的思想、道德、观念等内容转化为自身的某种心理结构，养成良好的行为习惯，与他人进行良好的交往，建构自己的精神领地，从而形成坚定的政治信念，逐步实现政治社会化。基于教育实践活动的内在作用，激发学生个体的精神动力、帮助学生个体树立坚定的理想信念和信仰使命，促进学生个体塑造健全的人格，引导政治方向进而保持正确的政治站位、调控学生的个体行为，促进学生个体更好地适应社会，强化大学生对社会主义核心价值观的认同。

(二) 大学生思想政治教育个体价值的理论来源

1. "以人为本" 思想

思想政治教育强调将人作为研究的主体，通过规范的教学内容和科学的教育方法来实现人的成长推进。高校开展思想教育实践活动，以马克思主义关于人的本质理论作为理论根源，坚决贯彻立德树人的根本任务，对学生开展教育实践活动，提升学生在整个过程中的认同感和参与度，针对学生的特殊性要求和条件适当给予关注并有效协调处理，不断鼓励和刺激学生发挥主观能动性，从而实现个体的发展。

2. 马克思主义的需要理论

人们可以通过劳动实践不断满足自身由内而外所产生的需要，同时人的需求在社会发展进程中不断提升且不断新旧交替，因此也可以通过劳动和实践推动自身的需求向多样化发展。人们旧需要的持续满足和新需要的持续产生，使得人们通过不断实践改进自身的生存方式，在自身需要得到满足的基础上，不断改造世界、改变自身现状。如此循环往复，认清了内在需要和现实情况的联系，从而不断规范自身行为，实现个人价值目标。

（三）大学生思想政治教育个体价值的实现途径

在开展教育实践过程中要重视、培养学生作为独立个体的价值，以实现人的自由全面发展。如何发展和培育学生的个体价值呢？有以下四个实现途径：

第一，加强思想政治引领。引导大学生将个人理想信念同国家民族命运、具体实际发展结合起来。关注学生个体的价值需求，有针对性地开展教育实践活动；提升大学生思想理论、政治素养、道德品德、文化水平，实现学生个体的自由全面发展。目前，大学生除了学习、生活、交友等方面需要得到关怀和指导外，心理的困惑、职业生涯的规划、未来的选择发展等方面更需要得到疏导和指引。这就需要教育工作者在教育实践过程中，将思想政治教育同解决学生们"急难愁盼"的实际需求相统一，从解决实际问题出发，帮助学生缓解来自各方面的压力，最终实现个体需求在更高层面的协调发展。

第二，革新思想政治教育方法。不断丰富其理论、完善其体系、拓宽其实现途径，自觉地将个体价值融入教育实践过程中。将传统的理论传授与实践教育紧密结合起来，强化学生实践能力的培养，使学生不断树立正确的认知，充分发挥个体主观能动性，从而实现个体的自我管理教育。例如，在每年开展的家庭经济困难学生的认定工作中，可附加创设多种载体和形式，从而实现对家庭经济困难学生的全方位教育。例如，引导学生坦然面对家庭经济困难的事实，同时化压力为动力，在接受资助的同时要培养自身努力奋斗、在逆境中迎难而上的精神，激励自己勇往直前，同时也要心怀感恩。

第三，重视学生的心理素质和个体情感培养。通过心理咨询、谈心谈话、专题讲座等方式开展心理健康教育活动，满足大学生的精神需求。随着社会的不断发展，越来越多的大学生不断涌现出对生命的价值困惑、对生活方式的抉择困惑等突出的心理问题和各种心理困惑，价值取向也受到影响。针对开展教育实践过程中出现的学生心理健康教育问题，除了需要专业心理咨询机构来缓解这一矛盾，高校还应健全工作预警机制，定期筛查、及时了解大学生心理状况，形成学生群体全员覆盖，对于存在心理危机的学生个体要及时关注和加强交流。针对处于高危心理危机状态的个体还要及时有效地进行危机干预。

第四，营造良好的思政教育的环境。引导大学生形成正确的价值观念，促进社会整体向上向好发展。例如，在开展教育实践过程中遇到毕业生就业难的问题。在大学生入学后应开设职业生涯规划类的相关课程，积极引导学生参加职业生涯规划设计大赛和创新创业比赛等，邀请各行各业具有代表性的毕业生回校给大学生开展就业类相关讲座或分享会，通过朋辈教育指引学生更好地去认识世界。高年级阶段应加强思想教育，宣传就业相关政策，引导学生树立正确的就业观和择业观。拓宽大学生就业渠道，缓解学生的就业压力和内心焦虑。引导学生处理好个人与社会的关系，接纳自己因为即将踏入社会产生的不自信、彷徨、恐惧、逃避等心理状态。

大学生思想政治教育旨在贯彻立德树人的根本任务，时刻"以生为本"，在提高学生认识世界和改造世界能力的同时，注重学生正确思想意识的形成。引导学生树立理想信念和使命担当，在满足物质需求和丰富精神内涵的实践中实现个体价值。

第四节　大学生思想政治教育的环境

开展高校教育实践活动必须高度重视高校思想政治教育环境。思想政治教育环境是指对思想政治教育活动以及思想政治教育对象的思想品德形成和发展产生影响的一切外部因素的总和。总的来说，可分为宏观环境和微观环境。前者主要是指对思想政治教育总体活动和全体成员产生影响，如社会经济、政治、文化、网络环境等；后者主要是指对思想政治教育对象个体产生影响，如家庭环境、学校环境、同辈群体环境等。

一、宏观环境

（一）政治环境

从国内政治环境来看，中国共产党带领中国人民多年来风雨兼程、刻苦拼搏、开拓改革，使中国发生了翻天覆地的变化，取得了举世瞩目的成就。以习近平同志为核心的党中央提出了一系列新思想、新理念、新战略，出台了一系列重大方针政策，推出了一系列重大举措，推进了一系列重大工作，解决了许多长期想解决而没有解决的难题，办成了许多过去想办而没有办成的大事，推动党和国家事业取得了全方位的、开创性的历史性成就。总体来看，国内政治环境安定团结，政府公信力显著提高，国家现代化治理能力和治理体系也在不断完善，逐步推进法治社会、法治政府、法制国家建设。国家政治格局的稳定和政治要素的优化对开展思政教育实践活动产生了深刻影响。

因此，在开展大学生教育实践的过程中，要引导大学生理性客观地看待、讨论国际国内政治的问题，通过丰富的、灵活的案例分析对比国家制度、政策的优势和短板，树立学生对中国共产党领导的信任和信心，从而使政治环境更加有利于开展思政教育的实践活动。

（二）经济环境

1978 年，中国吹响了改革开放的号角，由此我们迎来了四十多年经济高速发展的时代。在这四十多年间，我们的经济总量跃升为世界第二，制造业规模跃居世界第一，创造了举世瞩目的伟大成就，仅用几十年的时间就在经济层面赶超部分发达国家。如今，在经济发展新常态的环境下，虽然我国的经济发展面临着较大的下行压力，但经济发展基本面、基本特质、支撑经济持续增长的基础和条件、优化经济结构调整的趋势都未发生变化，我国仍处于可以大有作为的重要战略机遇期。同时党和国家做出预判，提出了一系列新发展思想、理念和战略，为我们国家经济平稳安全地发展保驾护航。

经济基础决定上层建筑。当前，我国经济仍然保持中高速增长，综合国力和国际影响力显著提升，人民的物质生活质量显著提升，教育事业全面发展。但在社会经济发展的过程中也出现了一些如人工智能的发展导致失业人口增多、改革创新瓶颈等新问题。由此可见，经济增长和社会发展的环境对大学生个体及高校思想政治教育具有重要的影响，我们要引导学生正确认识和判断国家经济形势，形成正确的"三观"，做出正确的价值选择。

（三）文化环境

文化是一个国家、一个民族的灵魂。中国特色社会主义文化源自中华民族五千多年文明历史所孕育的中华优秀传统文化，熔铸于党领导人民在革命、建设、改革中创造的革命文化和社会主义先进文化，植根于中国特色社会主义伟大实践。文化强国建设已经成为新时代中国特色社会主义文化建设的重要目标。

中国特色社会主义进入新时代、民族复兴伟业进入关键阶段，党和国家对高素质人才的需要比以往任何时候都更加紧迫。在新形势下，教育工作者在开展思政教育实践过程中，应当以以文化人、以文育人为导向，贯彻落实立德树人的根本任务，开创育人工作新局面。

在新时代的背景下，我国的经济持续向好发展促进了文化环境领域的深刻变革，同时为其提供了发展条件。党中央持续增进民生福祉，大力推动改革发展成果更多、更公平地惠及全体人民，兼顾满足人民的物质需求与精神需求。但同时我们也能明显看到，文化领域还有许多短板，如城乡区域之间文化事业发展不平衡、体系不健全、资源分配不均、文化领域就业创业难等。从高校思想政治教育所处的文化环境来看，存在塑造性较低的实际困难，大学生喜闻乐见的文化诉求尚未得到较好的满足等问题，这都可能对开展思政教育实践活动产生影响。因此优化社会和校园的文化环境都至关重要，有利于增强思想政治教育的时效性。

（四）网络环境

随着互联网的迅猛发展，通信、信息技术等领域的发展也达到了新的高度，实现了资源共享和信息自由，为个体更好地进入网络世界提供了极大的便利。但也可以看到以下事实：网络文化的出现打破了传统文化形态的线性和块状结构，使得每个个体都能成为塑造网络环境的主体，网络环境的不确定性增加了。此外，网络具有虚拟、自由、共享的特征，对比以往的社会，网络的文化开放程度明显更高，塑造网络环境的主体数量的不断增加、主体匿名不确定性、主体素质水平的不均衡、传播的广泛性等众多因素造成网络环境监管难度不断增大。再者，网络空间充斥着海量的政治、经济、社会、体育、艺术等信息内容，微信朋友圈、微博、哔哩哔哩、抖音、知乎等各类新媒体平台也在不断推送碎片化信息，而人们通常选择快餐式阅读或是零散性了解。现今的互联网已成为学生学习生活的主要阵地，它丰富了大学生的政治文化生活，开阔了眼界，是保持与外界联系的主要途径，对大学生的"三观"的形成产生了较为深远的影响。但也有许多凭空捏造的负面信息和境外媒体恶意歪曲的事实，形成比较恶劣的舆论环境，缺乏判断和思辨能力的大学生们很容易受到蛊惑，有可能对党和国家政府的领导失去信心，甚至做出破坏国家利益、危害社会安全的行为，如此一来则意味着大学生思想政治教育失去其应有的价值。因此要引导大学生理性客观地看待网络文化、网络舆论，根据青年大学生的特点和需要，在尊重网络思想政治教育规律的基础上，建立内容丰富多彩、形式生动鲜活、价值积极健康的网络文化空间，因势利导、守正创新。

00后大学生在网络高速发展的时代下成长，让他们脱离网络生活学习的想法并不实际，首先，高校在长期实践中应积极探索如何遵循"主动积极、正面引导、加强管理、趋利避害、为我所用"的原则。其次，高校要占领并充分利用网络阵地，结合学生具体实际，建立内容丰富、关注度高的网络平台，并通过生动活泼、时下流行的方式方法，实现让学生主动看、高兴看、认同看的教育成效。另外，要重视网络行为规范，高校乃至全社会要加强对遵守网络道德规范的教育引导工作，推进网络平台实名制管理，完善网络信息发布和传播管理机制。同时加强对高校、学院、思想政治教师、学工系统的官方网络平台、QQ群、朋友圈及其他社交平台的管理与建设，并借这些平台加强与学生的交流沟通，发布积极正面的信息，抵制不良信息和谣言。最后，加强网络思想政治课平台建设，结合古今中外政治、人文、经济、历史等课题，制作更多适合网络生态的短小精悍、积极引导力强、警示作用显著的多媒体教育素材，并将"00后"喜闻乐见的互动交流方式、偶像文化等融入其中，从而提高学生获取思想政治教育知识的参与度和主观能动性。

二、微观环境

（一）家庭环境

家庭环境是无法改变的客观环境，对人生存生活和发展的影响深远且持久。自子女出生起，父母便是子女的第一任老师。父母对子女身心的发展最直接、最具体，对子女一生的影响最深刻、最持久，任何人都无法替代。家长既要给子女上好"第一课"，又要尊重学校老师，配合其共同做好子女的教育。同时还要注重家庭文化氛围，给予其正确的思想价值引导。毫无疑问，家庭环境是思想政治教育环境当中的基础环境。和谐、民主、平等的家庭氛围，家长积极乐观向上的心态，平等尊重的沟通交流，及时了解子女的思想状态，积极倾听他们在生活、学习中遇到的问题，用循循善诱的方式去引导他们靠自己的能力去解决问题，这些方面的要素和行为有助于子女的成长，尤其会对子女的思想品德与行事作风产生积极影响。另外，家长的文化素质和道德修养也对大学生的成长产生深远影响，因此，家长自己也必须树立正确的"三观"，重视德育，以身作则，努力提高自身的思想品德和道德修养，做好榜样。

（二）学校环境

大学是传播和创造先进文化的主阵地，是开展思政教育实践活动的主课堂、主渠道。学校环境包括学校硬件环境，如有形的、显性的基础设施建设；学校软件环境，如无形的、隐性的校园文化建设等。优美的校园自然环境、良好的学习生活环境对学生良好思想品德的形成有外在的促进作用，而不良的校园文化风气对学生思想品德的形成起到负面影响。因此为大学生提供一个良好的学习生活环境，对促进优良学风、校风的形成，对大学生形成正确的"三观"有着较为深远的影响。校园文化是进行思想政治教育的重要载体。在开展思政教育实践过程中，可以通过加强校园多元文化建设，引导学生参与校园文化活动，调动学生们的参与积极性，以此来打造丰富的思想政治教育环境。

习近平总书记曾在全国高校思想政治工作会议上强调，打造具有特色的高校校园文化对学生全面健康成长具有深远意义。面对"00后"大学生群体，高校首先明确校园文化建设的目的、方向，应该站在"00后"大学生的角度进行思考，适时建立"接地气"的校园文化体系，比如，可以充分发挥校园、班级、社团兴趣和党团活动的作用，组织开展线下校园文化活动，增设合适的线上活动，通过"00后"感兴趣的网络媒介来引导他们；或者将现实中的校园文化活动通过网络媒介，以"00后"大学生喜闻乐见的方式推荐给他们，引导他们"返回现实"；并通过新鲜活力的校园文化活动，让他们主动发现现实世界中的精彩之处，进而乐于接受思想政治教育。同时抓住"00后"大学生知识面广、话语权要求多、个性化程度高的特点，在线上、线下有序开展学生们喜闻乐见的形势与政策宣讲，讨论热点话题，开展专家讲座交流或其他文体活动，给予他们充分的参与机会和表达、组建交流思想的平台。总而言之，学校一方面应做好引导和监管工作，另一方面应做好多元化平台的搭建和服务工作，不断提高学生主动参与校园文化活动的热情，提升校园文化对思想政治教育的促进效果。另外，教师道德素质水平的高低，会对学生产生影响。良好的师德师风有利于学生对所学知识的接纳和吸收，更有利于思政教育实践活动的顺利开展。因此教师要不断提高自身的综合素质，在学生心目中留下良好的形象，促进思想政治教育效果的实现。

（三）同辈群体环境

同辈群体是指由一些在年龄、个性、家庭、兴趣爱好等方面较为接近的人组成的较为密切的群体。由于年龄、文化水平等方面相似，又有着相似的关注点和共同的话题，以共同的兴趣爱好来开展活动能让他们感受到地位的平等，因此大学生在交往过程中容易对同龄人产生好感，在不知不觉中互相影响，逐渐形成一个比较固定的群体，最终会形成共同的价值观和评价体系。在开展思政教育实践过程中，可引导鼓励大学生多与品学兼优、志同道合和具有良好修养的同辈交流。掌握同辈群体认可的交友方法和原则，成为思想健康、积极向上的社交圈的一员。另外，及时掌握成员的思想动态，以正确积极的价值观引导和影响其社交圈，尤其还要做好社交圈当中核心人物的思想政治教育工作，使其积极影响社交圈当中的其他成员，共同形成良好的思想品德。

总而言之，大学生的思想教育需要考虑到多种外部环境的因素与作用，尤其是家庭、学校和同辈群体环境对大学生的影响。要充分利用好各种环境的积极要素，并使其形成良好合力，共同推动思政教育实践活动的发展，实现大学生思想政治教育的价值。

第二章 高校思想政治教育的主要内容与基本方法

第一节 高校思想政治教育的主要内容

一、理想信念教育

（一）新时代大学生理想信念教育及其特征

1. 新时代理想信念的时代内涵

中国特色社会主义的奋斗目标是将中国建设成为富强、民主、文明、和谐、美丽的社会主义现代化国家，这也是现阶段中国人民的共同理想。因此，新时代的理想信念是共产主义的远大理想和中国特色社会主义的共同理想的完美结合，只有把握好理想信念的时代内涵，才能夯实大学生理想信念教育的内容。

2. 新时代大学生理想信念的特征

（1）新时代大学生理想信念是理想与信念的结合

中国在适应时代发展的需要中逐渐形成了新的理想信念概念。离开信念谈理想，容易把共产主义理想信念变成空想；离开理想谈信念，容易在中国特色社会主义奋斗中迷失方向。因此，必须将理想与信念相统一。大学生对共产主义的追求既是对未来社会的一种理想追求，也是遵循和践行共产主义的一种信念。

（2）新时代大学生理想信念是社会理想和个人理想的结合

大学生的个人理想会对社会的未来发展产生重要影响，因此在对共产主义理想信念的追求中，应当包含大学生个人理想的实现，只有在实现共产主义理想的奋斗中才能最大限度地实现个人理想。必须要求大学生提高自身政治素养，不断调整个人理想，与社会理想保持高度一致，将对共产主义理想的追求与自己的日常生活融为一体。

（3）新时代大学生理想信念是思想与实践的结合

马克思指出，全部社会生活在本质上是实践的。凡是把理论引向神秘主义的神秘东西，都能在人的实践中以及在对这个实践的理解中得到合理的解决。因此，大学生的理想信念同样不会脱离现实生活而独立产生。大学生的理想信念以社会实践为基础，可以满足自身和社会的各种需要，并没有超越现实生活，也没有游离于现实生活之外。大学生的理想信念是要靠大学生自己奋斗来实现的。

（二）新时代大学生理想信念教育的重要意义

1. 新时代大学生理想信念教育是应对国际复杂环境的现实需要

一些意识的入侵容易误导思想尚不成熟的大学生对社会主义产生怀疑，对社会主义发展感到迷茫，甚至对共产主义理想信念产生动摇。只有不断加强大学生的理想信念教育，帮助他们牢固树立正确的世界观、人生观、价值观，提高大学生对各种不良思潮和价值观侵蚀的抵御能力，才能使其充分发挥自己的本领，切实肩负起实现中华民族伟大复兴的历史使命。

2. 新时代大学生理想信念教育是提升大学生综合素质的内在需求

新时代的大学生身体和智力逐渐趋于成熟，拥有强烈的社会参与感和好奇心，参与到社会实践中以满足其对新鲜事物的好奇心是其迫切需要。但同时他们大多生活优渥，遇到的坎坷和困难不多，缺乏社会责任意识、大局意识和集体意识，对人生的深刻思考和体验较少，辨别能力不足。特别是在当今纷繁复杂的社会环境下，资本主义表明的"制度优越性"诱惑着大学生，使他们难以树立社会主义的理想信念。所以理想信念教育是大学生思想和行为的方向，只有树立牢固且正确的理想信念才能成长为对社会有用的人。新时代的大学生必须全面提高自身的综合能力和素养，才能承担起社会和历史的重任。

（三）新时代加强大学生理想信念教育的途径

1. 加强教育队伍建设

思政教师队伍是实施大学生理想信念教育的主体，对提高大学生的思想觉悟，增强社会主义理想信念的吸引力和凝聚力发挥着关键作用。目前大学生的理想信念教育队伍以思政教师和辅导员为主，马克思主义相关理论的讲解由思政教师负责，学生日常的思想困惑和生活难题的解决则由辅导员负责。除此以外，还需要学校宣传部、学工部、组织部、后勤处等管理队伍通力营造积极向上的校园文化氛围，这样才能全方位实现理想信念教育。因为管理和教育是内在协调统一的，只有各部门高度配合才能做到全员育人，共同打造出大学生理想信念的良好氛围。

同时，正确、坚定的政治素养是教育队伍所必须具备的，必须不断学习马列主义，保持清醒的政治头脑，在大是大非面前冷静分析，敢于发声；必须有较高的道德素质，不断提升自身的师德师风修养，以自己高尚的品德塑造广大大学生的人格和品质；必须具备深广的知识，用积极正面的人生哲理，引导大学生认清形势，逐渐形成自己的认知和价值判断。

2. 探索教育新载体

不断充实和完善的教育内容推动着大学生理想信念的树立与巩固，采取传统教学和网络相结合的方式是网络技术和新媒体快速发展下对大学生理想信念教育进行创新的必然趋势，通过优势互补，在大学生面前呈现出内容、画面、声音等多个方面，让大学生自觉接受理想信念教育。理想信念教育要利用好微博、微信、QQ等平台，用马克思主义理论牢牢占领传播主阵地，始终坚持正确方向的内容，不断更新变化表现形式，满足大学生的精神需求，以生动有趣的方式和形式加强大学生对马克思主义的认同感，增强大学生理想信念教育的针对性与实效性。

同时，教育者应当改变传统的单向输出教育方法，利用课内外的全面互动整合思想政治理论资源，探索出以学生为主的课内外结合的实践教学模式。教师在课堂上讲解理论知识，大学生在课下结合自己对课本理论知识的认识，通过微课堂、云研讨等方式，将课堂的理论认识延展到课外。教师还可以通过微信、微博、论坛、短视频等为媒介的慕课模式，用大学生喜闻乐见的方式传递思想政治理论。

3. 拓宽社会实践

树立大学生理想信念的基础和前提是理想信念的理论教育，但它的巩固和实现还有赖于大学生自身的实践体验。理想信念教育的最终目标是将理论转化为实践，是将理想信念转化为人们的实际行动，所以需要让大学生积极参与各种社会实践。可以到农村、社区街道和大小企业进行社会考察和社情调查等，从而感受中国共产党的强大凝聚力和向心力，紧跟党的步伐，牢固树立中国特色社会主义的共同理想；可以实地参观红色教育基地进行爱国主义教育，让英雄和伟人成为大学生的榜样，牢固树立共产主义的远大理想信念；也应该投身于社会主义现代化建设，在社会中成长，在社会中奉献自己，在社会中实现自身的价值，从而扩展人生的宽度、丰富人生阅历。

二、社会主义核心价值观教育

（一）新时代大学生社会主义核心价值观教育及其特征

1. 新时代大学生社会主义核心价值观教育的时代内涵

中共中央办公厅印发的《关于培养和践行社会主义核心价值观的意见》指出："富强、民主、文明、和谐是国家层面的价值目标，自由、平等、公正、法治是社会层面的价值取向，爱国、敬业、诚信、友善是公民个人层面的价值准则，是社会主义核心价值观的基本内容。"① 西方文化随着经济全球化的发展而广泛传播，对我国人民尤其是青少年的价值观造成了很大的影响，而思维活跃、易于接受新鲜事物的大学生更是深受其影响，他们的思想、行为、心理都发生了变化。因此，新的时代内涵应当在教育中完全融入国家、社会和个人三个层面的价值追求，以坚定信仰为核心、忠于理想为目标、爱国创新为主题、知荣明耻为体现，将大学生的思想和人生发展引导到正确的道路和方向上，让大学生能够肩负起历史赋予的时代重任。

2. 新时代大学生社会主义核心价值观教育的特征

（1）新时代大学生社会主义核心价值观具有系统性

社会主义核心价值观教育是一个潜移默化、持续发展的系统学习过程，通过整合中国特色社会主义的基本理论、思想观念和价值取向，以大学生思想和行动为切入点，坚定理想信念，坚持用习近平新时代中国特色社会主义思想武装头脑；指导大学生准确把握理论内涵、精神实质和实践要求，把实现个人理想融入国家富强、民族振兴、人民幸福的伟大梦想之中。

（2）新时代大学生社会主义核心价值观具有时代性

社会主义核心价值观是中国共产党在新时期结合新的理论现实所提出的，具有鲜明的时代性特征。随着时代的发展，它的理论内容和思想形式也不断充实与完善，且在多元价值环境中具有强烈的包容性，包容、平等、尊重地对待各种价值观的存在。因此，根据当今时代多元化发展的实际情况，新时代大学生的社会主义核心价值观念教育也要发生相应的变化。顺应时代发展和大学生自身发展的需求，坚持以人为本，贴近大学生，让大学生掌握先进正确的理论知识来武装思想道德品质，从而更好地推进社会主义现代化建设。

---

① 张军成. 价值观的力量大学生社会主义核心价值观教育研究 [M]. 北京：光明日报出版社，2016：8.

（3）新时代大学生社会主义核心价值观具有科学性

受社会文化日益多元、大学生价值观趋于多样的影响，新时代大学生的社会主义核心价值观教育，应当根据大学生价值取向趋于多元的特点，用大学生喜欢的新媒体方式，引导大学生正确认识价值取向一元和多元的辩证关系；根据大学生价值追求日趋功利的特点，通过理想信念教育，引导大学生正确处理物质追求与精神提升的关系；根据大学生价值选择较为矛盾的特点，教育内容要与社会生活紧密结合，同时对一些错误观点和言论，要旗帜鲜明地进行辨析和批驳，提高大学生分辨是非的能力。

（二）新时代大学生社会主义核心价值观教育的重要意义

1. 新时代大学生社会主义核心价值观教育是推动社会主义建设的精神动力

目前，我国的经济发展进入关键期，经济转型迫在眉睫，这时涌现出很多社会问题和经济问题，严重影响了社会的和谐稳定发展。因此，加强新时代大学生社会主义核心价值观教育，就是要使大学生正确认识到现阶段社会的价值目标、价值取向和道德准则，并转化为自身的价值追求和实践，提高大学生的凝聚力和精气神，为国家富强和中国特色社会主义现代化建设提供强大的精神动力。

2. 新时代大学生社会主义核心价值观教育是实现中国梦的必然选择

习近平总书记提出的"中国梦"是几代中国人的共同心愿，是全国各族人民的利益要求和共同期盼。作为国家希望、民族未来的大学生只有将个人梦想融入"中国梦"，才能实现自我价值和追求，所以"中国梦"也是新时代大学生的成才之梦。对大学生进行社会主义核心价值观教育，激励大学生承担起建设祖国、发展经济的使命，充分发挥出大学生的力量，积极为社会做出更大的贡献。

3. 新时代大学生社会主义核心价值观教育是大学生成长成才的内在需求

新时代大学生的社会主义核心价值观教育，就是要引导大学生树立"富强、民主、文明、和谐"的价值观，形成新时代大学生应有的时代使命；引导大学生形成"自由、平等、公正、法治"的社会价值共识，促进大学生引领社会和谐发展；促使大学生践行"爱国、敬业、诚信、友善"的价值追求，培养新时代大学生良好的精神风尚。大学生应当树立正确的人生观、价值观和社会观，为实现中国特色社会主义现代化建设和中华民族伟大复兴而努力奋斗。

(三) 加强新时代大学生社会主义核心价值观教育的途径

1. 丰富核心价值观教育的内容

国内外多元文化的融合与交锋在网络的飞速发展下越来越频繁,而不断涌现的反马克思主义的错误观点干扰了中国主流文化和意识的发展,容易使大学生对马克思主义产生误解。因此要以马列主义、毛泽东思想、邓小平理论、"三个代表"重要思想、科学发展观和习近平新时代中国特色社会主义思想为指导,使大学生正确了解和解读历史,激发大学生的民族复兴热情;坚持用马克思理论分析和解决现实问题、用马列主义武装思想、用习近平新时代特色社会主义思想指导学习和生活,这样大学生才能看清问题本质,自觉抵制不良诱惑。

2. 强化高校文化建设

将社会主义核心价值观教育与大学生思政教育充分融合的前提是对校园文化建设的不断强化,高校要对自身的学风和校风进行积极建设,倡导文明和谐的校风,使大学生能够将友善、诚信作为行为准则;还需要对各种基础设施建设进行完善,为大学生的生活和学习营造良好的环境,为大学生打造和谐校园,从而为实现社会主义核心价值观教育奠定良好的软硬件基础。此外,互联网及智能技术的广泛应用,对大学生的生活和学习产生了深远影响,同时也对他们的价值判断以及思想观念造成了深远影响,因此,高校还应该净化校园舆论环境,充分运用各种校内信息传播载体,为大学生社会主义核心价值观教育创造理想的舆论环境。

3. 丰富社会实践活动

"实践是检验真理的唯一标准",因此将社会主义核心价值观有效地融入高校的思政教育,就离不开大量课外实践活动的开展。目前,大学生的社会实践以社会调研、实地参观、志愿服务为主,缺少了与大学生专业对口的实践机会,从而导致了实践活动流于形式。可以通过丰富的社会实践活动,积极引导学生深入解读和践行社会主义核心价值观,大力宣讲核心价值观的内容,从而让大学生在实践中多角度观察世界、了解社会民情,学习党和国家方针政策,提高大学生为国家社会发展贡献自身力量的积极性。

三、爱国主义教育

（一）新时代大学生爱国主义教育及其特征

1. 新时代大学生爱国主义教育的时代内涵

在不同的历史时期和社会发展阶段，爱国主义展示出不同的时代特征与具体内容。只有紧握时代脉搏、展现时代特色，爱国主义才会鲜活而富有生命力。习近平总书记指出："实现中华民族伟大复兴的中国梦，是当代中国爱国主义的鲜明主题。"① 即在中国共产党领导下走中国特色社会主义道路，实现中华民族伟大复兴，就是爱国主义教育最深刻的时代内涵和最本质的时代要求。

2. 新时代大学生爱国主义教育的特征

（1）新时代大学生爱国主义教育具有鲜明的政治性

习近平总书记在中共中央政治局第二十九次集体学习时强调："实现中华民族伟大复兴的中国梦，是当代中国爱国主义的鲜明主题。要大力弘扬伟大爱国主义精神，大力弘扬以改革创新为核心的时代精神，为实现中华民族伟大复兴的中国梦提供共同精神支柱和强大精神动力。"② 所以大学生爱国主义教育也体现出鲜明的政治导向性。具体而言，爱国主义、爱党、爱社会主义对于当代大学生是统一的。加强大学生的爱国主义教育，就是要向大学生阐明中国特色社会主义的优越性，使其深刻认识到在中国共产党领导下走向社会主义道路是历史的正确选择、人民的正确选择。

（2）新时代大学生爱国主义教育具有明确的指向性

新时代大学生爱国主义教育以培养大学生具体的爱国行为为主，具有明确的行为指向性。第一，个人利益服从国家利益。始终把国家利益放在第一位是对每位大学生的必然要求。第二，报效祖国，服务人民。要求大学生努力学习，积极实践，自觉承担起建设祖国、振兴中华的历史重任。第三，维护民族团结，促进国家统一。就是要求大学生把爱国主义精神具体化，旗帜鲜明地对分裂国家、破坏民族团结的言行进行驳斥，将民族自尊心、自信心、自豪感具体化为捍卫国家主权、维护国家安全的行为和稳定的人格。

---

① 王思萧. 新时代加强高校爱国主义教育的必要性研究 [J]. 大众文艺，2019 (03).

② 宇文周，凝聚奋进新时代、实现民族复兴的磅礴伟力学习习近平总书记关于新时代爱国主义教育的重要论述 [J]. 新湘评论，2020 (10).

（3）新时代大学生爱国主义教育具有强大的动力性

在实现中华民族伟大复兴的奋斗过程中，我们必将遇到各种困难险阻，因此大学生一定要弘扬爱国主义民族精神，充分调动和激发积极性，将国家富强、民族振兴、人民幸福作为自己的不懈追求。

（二）新时代大学生爱国主义教育的重要意义

1. 大学生爱国主义教育是建设中国特色社会主义的人才需要

面对严峻的挑战和潜在的威胁，唯一的出路就是尽快把我国建设成为富强、民主、文明、和谐、美丽的社会主义现代化强国，大学生是潜在的人才资源。加强对大学生的爱国主义教育，捍卫中华民族文化主权、维护祖国利益的精神防线，增强大学生的民族自豪感，激发其爱国之志，为中国特色社会主义建设事业奋斗终生。

2. 大学生爱国主义教育是满足大学生成长成才的内在需求

大学生的成长成才与国家和民族的命运紧密相连，只有当个人追求与社会和人民的需要相统一的时候才会实现自己的人生价值。当今社会，国内外多元文化影响着大学生的价值观形成，我们必须依靠爱国主义教育为其成长提供正确的价值观，树立牢固的报国之志，使其深刻认识到自身发展的使命感和责任感，努力使自己成才，把自身成长与祖国繁荣富强结合起来，争取早日实现社会主义现代化。

（三）新时代加强大学生爱国主义教育的途径

当前高校爱国主义教育的途径以思政课堂和党团日活动为主，这两种传统的教育途径随着外部教育环境的改变暴露出不同程度的局限性。从社会发展变化的客观实际出发，通过理论内容、实践载体以及教育氛围等维度拓展大学生爱国主义教育途径，是新时代背景下加强大学生爱国主义教育的必然选择。

1. 不断更新理论内容

高校思政课程是对大学生进行爱国主义教育的主要阵地。在传统的教育模式下，思政教育贯穿整个学习生涯，大学生对枯燥的理论失去了兴趣。新时代的大学生爱国主义教育，应当对课程内容和设计有所变革，在立足于中华民族历史和文化的同时面向世界，将中国特色社会主义理论融入世情、国情、党情中，结合社会热点及重大突发事件，充分了解全球化竞争形势，激发大学生的民族认同感。面对复杂的国际政治形势，思政理论课更应当结合国内外最新形势和大学生思想动态变化，使大学生在深入理解我国国情的基础上，放眼世界，关注世界局势和走向，认识我国当前面临的机遇与挑战。大学生需要有大局观和整体观，在复杂的世界环境和局势中有自己独立的思考和见解，明辨是非，有正确的荣辱观，理性爱国。

2. 不断创新教育方法

目前，我国的思想政治理论课内容偏理论，教师很难将学理语言转化为通俗易懂的教学语言，且受到新媒体飞速发展的影响，传统课堂教学更是缺乏吸引力，教学效果欠佳，所以大学生对课堂上的爱国主义相关知识的接收较少。让爱国主义教育真正渗透到大学生的内心，并在潜移默化中践行爱国主义，就应当结合时代特色和新科技，采取贯通线上和线下的互动模式，通过微信、微博、"学习强国"等媒体，推送或发布增强爱国主义情感、弘扬爱国主义精神的内容，提高大学生的参与兴趣，增强大学生的参与热情，调动大学生的积极性和主动性。还可以通过哔哩哔哩、抖音等短视频平台，发布富有爱国教育意义的短片，吸引大学生自发地观看、传播和学习，以创新的教育方法促使大学生自觉自愿地接受爱国主义教育。

3. 不断丰富实践活动

我国大学生爱国主义教育始终秉承"实践育人"的教育理念，引领大学生将爱国思想转化为爱国行为，让大学生的爱国之情在内容丰富、形式多样的实践中得到培养，引导他们在创造社会价值的同时充分实现个人价值。

各高校以丰富多彩的校园活动为依托，通过基层党团支部的主题党团日活动、名师讲座、文艺展演、演讲辩论、书画比赛等形式加强爱国主义的仪式教育。同时还积极组织大学生走出校园、走进社会，广泛开展暑期"三下乡"、社会情况调查、社区志愿者服务、科普宣讲等社会实践活动，并充分利用博物馆、革命遗址、纪念馆、名人故居、国家重大工程建设等爱国主义教育阵地，对爱国主义精神进行生动弘扬，不仅仅在学习过程中，还要在生活实践中，感受和学习英烈前辈的爱国主义精神和革命牺牲精神，在学、思、践、悟中感受到自己的历史使命与责任担当。

四、"四史教育"

（一）新时代大学生"四史教育"及其特征

1. 新时代大学生"四史教育"的内涵

习近平总书记讲道："希望广大党员特别是青年党员认真学习马克思主义理论，结合学习党史、新中国史、改革开放史、社会主义发展史，在学思践悟中坚定理想信念，在奋发有为中践行初心使命，努力为实现'两个一百年'奋斗目标、实现中华民族伟大复兴的中国梦贡献智慧和力量。"① 在建党百年之际，新时代大学生"四史"教育的工作重点就是要通过高校开展多种形式的教育教学活动让大学生深刻认识到中国共产党带领中华民族为实现伟大梦想而奋斗的历史进程，让青年学生在学习"四史"中进一步坚定"四个自信"，自觉做到"两个维护"，在为党和祖国奋斗的青春中传承"四史"精神。

2. 新时代大学生"四史教育"的特征

（1）新时代大学生"四史教育"具有政治性

"四史教育"是对中国共产党带领中华民族抵御外敌、争取独立、建设祖国、走向中华民族伟大复兴的历史反映，是对中国共产党的政治奋斗历程、中华民族政治选择历程的准确总结，具有极强的政治性特征。因此，大学生"四史教育"是以历史为基础的政治教育，要求引导广大青年弄清楚中国共产党为什么"能"、马克思主义为什么"行"、中国特色社会主义为什么"好"。所以从讲政治的高度上出发，就必然要求高校一定要高标准、高质量地开展大学生"四史教育"。

（2）新时代大学生"四史教育"具有时代性

大学生"四史教育"以历史为主要的教育内容，但初衷是为了使大学生了解中国共产党及中国的奋斗与发展历史，形成正确的历史观，自觉为实现中华民族伟大复兴而努力奋斗，具有较强的时代性特征。正如习近平总书记所说的"一代青年有一代青年的历史机遇"，新时代大学生为实现中华民族伟大复兴的这一光荣使命，必须与我国的发展目标及方向相统一，同时与我国的社会实际紧密相连。

（3）新时代大学生"四史教育"具有实践性

大学生"四史"教育是中国共产党为人民谋幸福、为国家谋富强、为世界谋大同的生动实践，有鲜明的实践性特征，这也决定了大学生"四史教育"以实践为主，用马克思主义的思想观点和方法引导大学生去发现和解决实际问题。

（二）新时代大学生"四史教育"的重要意义

1. 新时代大学生"四史教育"是实现中华民族伟大复兴的力量源泉

习近平总书记在 2018 年 9 月 10 日召开的全国教育大会上指出"坚持把服务中华民族

---

① 　王书丽."中国梦"视域下优化高职思政课课程体系的探索与实践［J］.安徽职业技术学院学报，2020（03）.

伟大复兴作为教育的重要使命"①。中国共产党认清中国国情、选择适合中国发展的正确道路、带领全体中国人民英勇奋战、开创中国特色社会主义事业的艰难历程在新时代大学生的"四史教育"中得到全面的记录，通过对其深入学习和感悟，大学生能够在学思践悟中更加坚定理想信念，厚植爱国主义情怀，成为有理想、有本领、有担当的时代新人。

2. 新时代大学生"四史教育"是高校落实立德树人任务的内在要求

习近平总书记指出"新时代新形势，改革开放和社会主义现代化建设、促进人的全面发展和社会全面进步对教育和学习提出了新的更高的要求"②，"坚持把立德树人作为根本任务"③。受国内外新的发展格局交互影响，社会各种不良思潮不断渗透大学生的思想，高校教育必须扎实推进新时代大学生"四史教育"，让大学生深刻认识到建立红色政权的艰辛、国家建设的艰难、社会主义探索的曲折，引导学生树立正确的思想价值观念，激发大学生对党和国家以及社会主义制度的热情，有效抵御负面信息的冲击，这是高校落实立德树人的内在要求。

（三）增强新时代大学生"四史教育"的途径

1. 提高教师队伍的业务素质

作为大学生思政工作的引导者和榜样，高校思政教师队伍必须提高业务素质，才能最大限度地发挥"四史教育"的作用。一方面，教师应当自觉学习"四史"，将历史与学校的校史结合起来，与大学生的知识储备相联系，学懂、弄通、悟透"四史"，让大学生真正信服于中国特色社会主义并真正认同改革开放的伟大历史成就。另一方面，传统的教育资源已不能满足大学生对思政学习的需求，所以还要求思政教师把握大学生的个性特点，及时更新教学观念和教育内容，不断激发创造力和主观能动性，为"四史教育"提供坚实的保障。

2. 创新思政课堂教学

"四史教育"以历史事件和抽象的理论为主，很多大学生认为比较枯燥乏味，难以提高学习热情，亟须创新教育内容和形式。内容上，可以在整合学校现有资源的基础上充分考虑大学生的实际诉求，整理课本上没有出现的历史事例，将学校的发展史与新中国的成

---

① 习近平在全国教育大会上强调：坚持中国特色社会主义教育发展道路培养德智体美劳全面发展的社会主义建设者和接班人 [N]. 人民日报，2018-09-11 (01).

② 习近平在全国教育大会上强调：坚持中国特色社会主义教育发展道路培养德智体美劳全面发展的社会主义建设者和接班人 [N]. 人民日报，2018-09-11 (01).

③ 邢建华. 新时代高校"形势与政策"课教学创新的思考 [J]. 武夷学院学报，2019 (8).

长史结合起来，从校歌和校史故事中深挖红色元素，把爱国兴党荣校作为立德树人的重点。在形式上，大学生思想活跃，乐于接受新鲜事物，可以将"四史"教育与大学生喜欢的新媒体结合起来，给大学生以全新便捷的教学体验。如建立 VR 体验式教学中心和智慧课堂，利用红色电影、歌曲、艺术展览、经典书籍等艺术表现形式，同时借助腾讯会议、QQ、微信、"学习强国"、慕课、视频直播等平台开展在线"四史"教学，通过线上线下多种形式让大学生随时学、随地学。

3. 丰富实践教学活动

实践教学是大学生课堂教育的补充和印证，将"四史教育"融入实践也是必然的选择。在校内，通过团委、学生组织和学生社团积极开展与"四史"相关的微课堂比赛、征文演讲比赛、主题研讨培训等活动，充分利用班团会、党课的优势，从思想上引导和加深大学生对"四史"学习的重视。同时注重大学生校歌、校史学习，汲取校史资源中的红色元素，拓展"四史教育"的深度和广度，让大学生在情境中增强学习体验和感悟。在校外，组织大学生走访各类纪念馆、革命遗址、烈士陵园等红色文化基地，感受鲜活的历史人物和生动的历史故事；组织大学生参与环境保护、扶贫调查、政策解读、为空巢老人和留守儿童提供爱心服务等活动，增强大学生对社会的认识和奉献精神；充分发挥专业优势，组织大学生"三下乡"、国情调研、理论政策宣讲等活动，深入社会、城镇、企业开展深受居民喜爱的实践活动，利用寒暑假组织大学生深入田间地头、企业工厂、社区乡镇学"四史"，将思想政治课堂搬到现场，真正将"四史"所学所思所感践行于社会，进一步认清新时代大学生肩负的历史使命。

五、中华优秀传统文化教育

（一）新时代大学生中华优秀传统文化教育及其特征

1. 新时代大学生中华优秀传统文化教育的时代内涵

习近平总书记指出"中华优秀传统文化已经成为中华民族的基因，植根在中国人内心，潜移默化影响着中国人的思想方式和行为方式"[①]"对传统文化中适合于调理社会关系和鼓励人们向上向善的内容，我们要结合时代条件加以继承和发扬，赋予其新的涵

---

① 习近平. 青年要自觉践行社会主义核心价值观——在北京大学师生座谈会上的讲话［N］. 人民日报，2014-05-05（02）.

义"①。所以新时代大学生中华优秀传统文化教育的时代内涵，就是要培养和巩固大学生的历史文化认同，深入领悟中华优秀传统文化的时代价值，将其创造性地转化为大学生的精神追求和行为习惯，让当代大学生汲取力量助推社会主义现代化建设。

2. 新时代大学生中华优秀传统文化教育的特征

（1）新时代大学生中华优秀传统文化教育具有鲜明的时代性

习近平总书记指出："中华文明源远流长，孕育了中华民族的宝贵精神品格，培育了中国人民的崇高价值追求。"② 中华优秀传统文化有别于世界其他民族的文化，蕴含跨越阶级、超越时代的内容和精神。因此，新时代大学生中华优秀传统文化教育始终紧扣历史的脉搏，具有鲜明的时代性。加强对新时代大学生的中华优秀传统文化教育，就是用中华优秀传统文化中以爱国主义为核心的民族精神和以改革创新为核心的时代精神鼓舞青年大学生的斗志，承担起社会主义建设重任。

（2）新时代大学生中华优秀传统文化教育具有内容的多元性

在上下五千年的历史进程中，我国形成了以华夏文明为主，吸收其他少数民族文化的中华优秀传统文化，集儒、道、法、杂、墨、农、阴阳、名家等学说之众长，同时吸收了其他外来文化因素，内容涵盖文学艺术、自然科学等方面。中华优秀传统文化始终以海纳百川的姿态面向世界，形成了具有鲜明民族特色的多元文化体系。通过对新时代大学生进行中华优秀传统文化教育，提高大学生的道德情操，培养好社会主义事业的接班人，建设更好的社会主义。

（3）新时代大学生中华优秀传统文化教育具有强大的育人性

习近平总书记在中央党校建校 80 周年庆祝大会上讲道："中国传统文化博大精深，学习和掌握其中的各种思想精华，对树立正确的世界观、人生观、价值观很有益处。古人所说的'先天下之忧而忧，后天下之乐而乐'的政治抱负，'位卑未敢忘忧国''苟利国家生死以，岂因祸福避趋之'的报国情怀，'富贵不能淫，贫贱不能移，威武不能屈'的浩然正气，'人生自古谁无死？留取丹心照汗青''鞠躬尽瘁，死而后已'的献身精神等，都体现了中华民族的优秀传统文化和民族精神，我们都应该继承和发扬。"③ 这种道德文化突出的育人性已经根植于我国人民的民族基因中，极大地增强了大学生的文化自信，对培养其爱国情操具有突出的教育价值。

① 孙雷. 传承弘扬中华优秀传统文化（新知新觉）[N]. 人民日报，2021-02-18（09）.
② 孔聪. 习近平治国理政思想中的传统文化观 [J]. 理论学习（山东干部函授大学学报），2017（03）.
③ 习近平. 在中央党校建校 80 周年庆祝大会暨 2013 年春季学期开学典礼上的讲话 [N]. 人民日报，2013-03-03（02）.

（二）新时代大学生中华优秀传统文化教育的重要意义

1. 中华优秀传统文化是中国特色社会主义建设的智慧源泉

中国共产党自成立以来，始终带领全国各族人民坚定不移地把马克思主义和中华优秀传统文化结合起来，吸收和借鉴中华传统文化中的精粹，为中华民族传递着信心和力量，也为马克思主义在中国成熟、发展和壮大提供了不可或缺的文化土壤，走出了一条中国特色社会主义道路。蕴含着丰富的哲学思想、人文精神、道德观念的中华优秀传统文化在新时代依然为我们认识和改造世界、国家治理现代化和建设社会主义精神文明贡献了智慧。

2. 中华优秀传统文化是大学生社会主义核心价值观培养的必然要求

习近平总书记指出："深入挖掘和阐发中华优秀传统文化讲仁爱、重民本、守诚信、崇正义、尚和合、求大同的时代价值，使中华优秀传统文化成为涵养社会主义核心价值观的重要源泉。"[①] 因此，"富强、民主、文明、和谐、自由、平等、公正、法治、爱国、敬业、诚信、友善"的社会主义核心价值观的培养就是要深耕中华优秀传统文化，健全大学生的道德品格，引导大学生树立正确的世界观、人生观和价值观。

3. 中华优秀传统文化是大学生思政教育的实效要求

经过几千年的传承和发展，中华优秀传统文化蕴含了道德修养、伦理教育、文化科学、生活礼仪等丰富内容，已经深刻融入每一个中国人的思想、学习和生活中，潜移默化地影响着人们的道德素养和思想品质。通过优秀文学作品、戏曲、英雄事迹、历史故事等内容，将中华优秀传统文化融入思政教育的全过程，有助于大学生积极主动地培养和提高学习兴趣，提升思政教育的吸引力和实效性。

（三）加强新时代大学生中华优秀传统文化教育的途径

1. 丰富思政课堂的理念和方法

新时代大学生担负着实现中华民族伟大复兴的使命，但他们大都社会经验不足，很容易被西方文化思潮和不良风气影响，因此大学生的思想政治教育非常重要。当前课堂教育中传统文化的传播内容和渠道十分有限，基于我国教育方式的现实考虑，应当将中华优秀传统文化融入思政课堂，用民俗课堂、知识竞赛、经典书籍、文艺表演等让大学生感受传统文化的魅力，自觉学习传统文化，提升理想信念教育的境界。同时新媒体的快速发展促

---

① 张家惠. 习近平诚信思想述评 [J]. 新疆社科论坛, 2017 (01).

进了文化的多元和融合，也要求我们结合时代发展，及时更新思政教育理念和方法，通过微信、QQ、视频网站、慕课等互动交流方式，在大学生的思想政治课中更好地发挥传统文化的价值。

2. 增加优秀传统文化的实践活动

实践性教学通过我国的教育体制改革已被广泛运用，中华优秀传统文化的实践教学也应当增加。按照国家规定，成立与传统文化相关的社团并开展各类活动，从而让大学生真正认同优秀的传统文化；利用实践将传统文化的知识内化，如通过研读国学经典、组织"三下乡"实践活动、志愿服务等，在实践中帮助学生了解中华传统文化，培养舍己为人、无私奉献、热爱社会的精神。同时实践活动还将大学生思想政治课堂上原本枯燥的内容生动化、形象化、趣味化，从而有利于提升思想政治教育教学的效率。

3. 融入校园文化建设

中华优秀传统文化教育不能单纯依赖于课堂教学这一途径，还须通过各种方法与形式帮助大学生了解传统文化。因此，高校可以通过校园建筑、教学设施、人文景观等校园环境，校园网、书刊报纸、广播、横幅海报等宣传手段，征文、演讲、文艺汇演、沙龙等校园活动，将传统文化融入校园文化建设中，让大学生充分了解并认同中华优秀传统文化的时代价值，让大学生时刻感受到优秀传统文化的熏陶，从而提升他们的文化品位，培养他们健康的人格。

六、校史教育和仪式育人教育

（一）校史教育和仪式育人教育概述

1. 校史教育概述

校史作为一所学校成立、发展和变迁的真实记录，是高校办学特色、教育理念、文化传统和大学精神的重要体现，也是高校立德树人过程中最生动、最独特的教育资源。通过传承和弘扬高校历史文化和精神，对大学生进行道德素养、人格情操及科学研究的教育是校史教育的重要目的。高校深挖建校历史与传统，将办学特色与有形、无形的资产结合起来，形成生动的校史文化教育成果，将会对大学的学风、教风以及校风的建设起到积极的影响。

2. 仪式育人教育概述

我国自古以来就是礼仪之邦，仪式是由符号、表演和文化传统所规定的一系列行为和程序，它承载着社会价值、信仰和道德规范，具有很强的表现力和塑造力。大学生仪式育人教育产生于中华礼仪，发展并服务于高校思想政治教育。高校仪式育人教育主要是指在高校文化场域中借助仪式程序对大学生进行有目的、有计划、有组织的思想政治教育、爱国爱党爱校情感教育和社会主义核心价值观教育。通过引导和规范大学生思想行为的一种展演性、互动性的教育方式，在仪式行为中加以理论认知深化和引导，对大学生进行国家层面的身份认同教育、社会层面上的道德实践教育、个人层面上的人生观教育。

高校的仪式育人教育是将抽象的教育内容生活化和具体化的重要途径，主要包括以下几类：国家重大纪念日、公祭日、国庆日、升旗仪式等以增强身份认同为核心的国家型仪式教育；国庆会演、元旦晚会、中秋节晚会、运动会、校庆日等以激发道德情感为核心的节庆型仪式教育；演讲比赛、征文比赛、歌唱比赛、班团活动等以道德情感为核心的社交型仪式教育；开学典礼、颁奖仪式、入党宣誓仪式、毕业典礼等以纪念转变意义为核心的过渡型仪式教育。

3. 新时代大学生校史教育和仪式育人教育的特征

（1）新时代大学生校史教育和仪式育人教育都具有传承性

大学校史主要包括学校的沿革变迁、教育理念、历史文化传统、优秀学生代表、杰出校友事迹等方面，是大学精神、传统和文化的积淀与延续。校史教育将学校的传统文化精神与校园文化相结合，能有效地增加师生对学校的认同感，增强师生的凝聚力，不断激励大学生成长成才，弘扬优良校风，彰显学校特色，培养广大师生与校友的爱校热情和为国奉献的光荣理想。

而学校仪式教育是学校文化与历史的发展与延续，是不断积累和完善的文化遗产，并在师生的日常生活中持续发展和丰富。所以学校仪式教育的存在形式和活动内容总体不会有大的变化，而是在学校保持原先的总体文化特征不变的情况下长期延续了下来。

（2）新时代大学生校史教育和仪式育人教育都具有潜在的育人性

人在一定的社会情境中总会自觉或不自觉地受到情境氛围的感染，思想或行为或多或少会受到影响。所以校史教育通过校徽、校旗、校歌、校训、标志物、校史馆等有形文化和无形的校园文化建设将大学文化传统、治学风格与精神风范展示给广大师生，使大学生能够在校史教育中感受到大学的理念精神，以及历代先贤为大学文化的继承与创新所做出的卓越贡献，从而在潜移默化中接受教育，自觉地对个人的行为与思想进行自我约束。

学校的仪式教育则将教育蕴含在师生日常的各项活动中，如教室的布置、宣传栏的设置、文化墙的装饰、宿舍的文化设计以及升旗仪式、各类颁奖活动、文艺活动等，这一切对大学生的教育影响不是强行灌输的，而是"随风潜入夜，润物细无声"的隐形教育，使大学生在特定的情境、活动中受到熏陶，在耳濡目染中将教育内化在其行为和思想中。

（3）新时代大学生校史教育和仪式育人教育都具有实效性

将校史教育纳入大学生思想政治教育体系，可以让大学生在熟悉本校历史、聆听先辈光荣事迹的过程中接受文化熏陶，体会到榜样的力量，比空洞的说教更生动形象，也更贴近大学生的日常生活和学习，富有感染力，能提高他们的认同感和自豪感。因此，校史教育丰富了高校思政教育的育人资源和表达形式，通过对大学生进行价值观与精神层面的引导，增强了高校思想政治教育的实效性。

同时，在高校的仪式育人教育中，教育者通过承载着一定思想观念、政治观点和道德规范的仪式行为或仪式活动，让大学生主动全员全过程参与，利用仪式感的氛围让学生充分感受其主题意义，增强了仪式育人的实效性，从而推动高校顺利且高质量地落实立德树人的根本任务。

（二）新时代大学生校史教育和仪式育人教育的重要意义

1. 新时代大学生校史教育和仪式育人教育是党和国家的时代需要

习近平总书记强调："要建立和规范一些礼仪制度，组织开展形式多样的纪念庆典活动，传播主流价值，增强人们的认同感和归属感。"① 因此，做好校史资源开发、利用工作，增强仪式育人教育，能够传承与弘扬中华民族的先进文化与民族精神，同时还能引导大学生将个人的理想、目标与国家和民族的命运紧密结合。由此可见，校史教育和仪式育人教育紧扣大学思政德育的主旋律，更是符合时代发展的要求。

2. 新时代大学生校史教育和仪式育人教育是高校思想政治教育的发展需要

加强高校思想政治教育，努力提高思想政治教育教学的针对性、实效性和吸引力、感染力，是当前高校思想政治教育的中心环节。所以，在新时代大学生思想政治教育中，作为学校优良文化传统的积淀和凝练，校史教育很容易获得师生心理和情感上的认同，使他们形成对学校的认同感和归属感，同时有利于组织特色的校园文化活动，丰富高校的文化内涵。将思政教育内容融入大学生参与的重大历史事件纪念活动、国家公祭活动、升旗仪式、毕业典礼、优秀先进表彰大会等仪式教育中，也增强了思想政治教育的亲和力、说服力和感染力。

---

① 习近平在中共中央政治局第十三次集体学习时强调：把培育和弘扬社会主义核心价值观作为凝魂聚气强基固本的基础工程 [N]. 人民日报，2014-02-26（01）

3. 新时代大学生校史教育和仪式育人教育是大学生个体的成长需求

高校大学生正值青年，在内心情感上有着强烈的需求，他们需要进行社会交往，渴望融入同辈群体，通过互动受到关注与尊重。所以有效利用校史资源中杰出人物的先进典型事迹，在大学校园中形成一种良好的风气，可以使大学生在积极向上的氛围中受到正面的影响，对自我行为不断进行调整，塑造良好的行为习惯和高尚的价值追求。而高校仪式育人教育是一种具有神圣性和严肃性的道德教育活动，不仅是个体之间相互联系的桥梁，更是促进了个人融入集体。在丰富的仪式活动中，参与者进行交流互动，不仅感受到了仪式教育承载着的育人内容，使大学生的个体交往需求得到满足，同时也能够提供情感能量，使大学生融入同辈群体得到满足，从外部感受到强有力的集体情感支撑。

（三）加强新时代大学生校史教育和仪式育人教育的途径

1. 丰富教育内容

知识经济时代已经离我们的生活越来越近，高校的校史教育必须对学校的文化价值、文化底蕴进行梳理和研究，不能局限于已有的校史资源，应当进一步丰富校史教育内容。比如修建建校史馆和文化建筑、普及校徽校旗校歌校训运用、依法大力丰富馆藏、编撰校史系列书籍、拍摄校史宣传片、整理校友资源库、增设校史文化课程、开发校园文创产品等，有意识地在大学生思政教育中结合校史资源，为大学生校史教育创造更好、更丰富的校史资料及内容。

受新自由主义和后现代化的文化冲击，大学生的价值观也趋于多元化发展，在尊重大学生个性和思想多样性发展的前提下，高校仪式教育必须结合时代要求将政治认同、文化认同、历史认同、价值认同等教育元素与仪式的特定环境、情境结合起来，同时还要贴近大学生的思想变化和生活实际，通过案例式、互动式的仪式教育，最大限度地激发大学生的参与热情，在集体的师生互动中开拓视野，增强集体意识与情感。

2. 整合教育形式

健康向上、丰富多样的校园文化活动是育人的第二课堂，也是高校将校史教育和仪式育人教育完美结合的文化教育形式。高校可以充分考虑自身文化教育传统与办学特色，将校史精髓创造性地融入特定的仪式教育活动当中，从增强活动主题的多样性、内容的新颖性以及仪式的程序互动性入手，搭建一个与大学生进行文化交流的平台，唤起大学生对高校历史文化的记忆，激发其对高校的认同感。例如在课堂、会议、讲座等传统仪式教育形式中，高校可以通过校友前辈的先进事迹与优秀人才的成长历程来感染大学生，从而促进大学生良好道德品格的形成；在社会实践、校园氛围、实地参观、节假日庆典等新型仪式教育中，可以通过新生入学教育、参观校史馆、校史宣讲、主题宣讲、民俗纪念活动等学生喜闻乐见的方式去传递仪式背后的文化知识和价值观念，同时也让大学生更加立体地了解学校历史、感受内在文化、增强学校认同感。

3. 拓宽传播方式

新媒体环境下互联网的发展打破了时空限制，并为新时代的大学校史教育和仪式育人教育拓宽了思路和模式。一方面，新时代大学生的校史教育和仪式育人教育可以借助现代媒介，刺激受众感官，丰富教育传播方式，充分调动大学生的积极性。例如开展紧贴仪式内容的歌舞表演、带有浓厚校史元素的课堂舞台剧、多媒体多维度的场景互动、趣味知识问答比赛、主题征文演讲等活动，在轻松愉悦的仪式活动中让学生感受到传统文化和大学精神魅力，从而在这种特殊仪式情境中增强学生对仪式教育和校史教育的认可。同时，要充分利用微信、QQ 等互联网传播媒介及时直播仪式教育的过程与结果，也可以通过校史公众号、校史视频、校史馆 VR、网上主题党团课等渠道广泛传播校史文化。另一方面，对大众传媒话语权进行严格掌控，抢占网络话语高地。这样不仅能够更好地将校史教育和仪式育人教育融入大学生思政教育中去，还能有力地增强大学生思想政治教育的有效性，丰富育人的途径和方式。

第二节　高校思想政治教育的基本方法

一、理论渗透法

理论渗透法是中国共产党思想政治工作的优良传统，也是高校用于思想政治教育工作的基本方法之一。坚持和创新理论渗透法，具有重要的时代意义和教育价值。

（一）理论渗透法的内涵

"渗透"，字面意思为"渗入""影响"和"熏陶"等，区别于教学法中的"注入式"或"填鸭式"方法，渗透既有润物细无声的滋养，又有水滴石穿的坚韧。这里的"渗透"就是指宣传教育、熏陶影响，强调的是以理服人，逻辑严密地将道理讲清楚、讲透彻，从而征服广大群众。思想政治理论教育渗透法，是有目的地渗透马克思主义理论教育，通过对理论的学习、讲授、培训、研讨等方式，引领大学生的思想观念。在引领思想观念的过程中，防刻板、防僵化，以大学生易于接受的方式传递马克思主义理论。

（二）理论渗透法的原则

1. 坚持社会主义意识从外灌输、向内渗透原则

没有革命的理论，就没有革命的运动，中国共产党要推动社会的发展，要实现共产主义这一目标，首先要使人民群众掌握马克思主义理论，进而培养人民的社会主义和共产主义意识。但是，作为一种思想体系的科学社会主义不能自发地在工人、学生、群众中产生，只能从外面灌输进去。列宁同志"从外面灌输"这一思想，时至今日仍然可用于大学生思想政治教育工作。大学生关注自己所学专业较多，主动学习马克思主义理论者少，因此，高校辅导员须形成合力，将社会主义意识从外面灌输、向里面渗透。另外，由于网络的广泛普及，大学生不可避免地会接触到许多有害信息和消极言论，所以，更需要高校辅导员传递主流意识，培养合格的社会主义建设者和接班人。

2. 坚持理论渗透方向的正确性原则

高校辅导员要通过思想政治教育帮助当代大学生树立与社会主义现代化建设、社会主义核心价值观相符合的世界观、人生观、价值观，教育的过程从本质上来讲就是传递马克思主义理论的过程。坚持理论的灌输和渗透能保证当代大学生接受马克思主义理论内容的完整性，更能保证思想政治教育的主路线紧贴社会主义发展方向不偏离。

（三）理论渗透法的主要路径

要充分发挥理论渗透法在思想政治教育中的作用和价值，就要坚持与时俱进、不断创新。

1. 坚持与时俱进，拓展渗透内容

思想政治教育灌输和渗透的内容必须顺应社会和时代的发展，唯有这样，才能培育出时代新人，也只有这样，思想政治教育才能体现时效性和实效性。针对大学生思想政治教育灌输和渗透的内容必须服从和服务于党的中心工作，高校辅导员要将爱国主义教育、民族精神教育、时代精神教育、道德教育紧贴时事政治，注入新的内涵，拓展渗透内容，保持渗透内容的科学性，实事求是、与时俱进、不断创新。

2. 将显性和隐形渗透相结合，实现渗透法的方法创新

理论渗透法是指教育者向受教育者传递既定的政治观点、道德观念，具有直接性和单向性。思想政治教育具有很强的理论性特征，如若采取单一模式进行理论渗透会导致学习

氛围死板生硬，容易引起学生的逆反心理，使教育内容不能很好地内化为学生的个体表现，严重影响教育实效。当代大学生思想教育研究领域就此方向提出了新的突破点——课程思政，将思想教育理论最大限度地融入日常的各门课程中，探索多样性的方法。不再将大学生思想教育拘泥于高校辅导员、党组织教育等固定的对象和方式中，而是从学生专业课、选修课等学习常态的各方面进行渗透，利用一切教育机会用润物细无声的形式进行最有效的思想政治教育。同时，因课程思政的教学方式对任课教师提出新要求，教师不可避免地要提升个人思想教育素养，主动学习更多思想教育理论，创新课堂教学模式，这是一种推动性的教学创新，并且对于教师个人的思想更新起到了意想不到的效果。在进行课程思政时，教师必须具备扎实的理论知识，才可以将其游刃有余地用于课程实践中，这是当代教师面临的新挑战与机遇，也是将思想政治教育作用最大化的时机。简单化理解，就是将思想理论作为隐性教育与课程进行显性结合，用学生不自觉就接受的方式开展学生普遍兴趣低、教育效果不佳的理论性教育，并达到教师的教学目的，这是理论渗透法的典型运用。所以，积极探索理论渗透法在思想政治教育中的使用，需要将传达的思想理论自觉自信、对优秀传统文化的辩证传承等隐性要素渗透到教育的载体中，营造教育的环境氛围，实现显性灌输与隐性渗透的结合，增强渗透教育的吸引力、感染力和说服力。

3. 合理利用资源，积极创新渗透法的载体

载体是桥梁和纽带，是思想政治教育过程中各个要素建立联系的枢纽。要增强理论渗透法的有效性，优化和创新渗透载体尤为重要。教师的形象，课堂中营造的有利于渗透大学生思想政治教育的环境，可以成为课堂主阵地的渗透教育载体。高校辅导员在学生的日常事务管理中融入对学生的真心真情，也能成为渗透思想政治教育的载体。从学校的规章制度到校园人文环境，都可以当作渗透思想政治教育的载体。所以，不能拘泥于传统的教育模式，要丰富思想政治教育的载体的使用，使一切可以利用的资源要素合理发挥作用，以时政热点、真人真事为切入口，创新思想政治教育载体。

二、朋辈示范法

朋辈群体对个人健康成长具有十分重要的意义。新时代大学生具有很强的个体意识、平等意识，基于朋辈群体产生的朋辈教育与高校思想政治教育的结合符合新时代的要求与发展趋势，有益于高校思想政治教育工作的开展，提升工作实效。通过研究将朋辈教育示范与高校思想政治教育融合起来，能更好强化大学生在学校管理中的作用、促进大学生在校的自我发展。

（一）朋辈示范法的内涵

中华民族传统文化对朋辈以及朋辈教育的记载可以追溯到春秋战国时期。孔子对"独学而无友，则孤陋而寡闻""三人行，必有我师焉"的论述，都与朋辈教育有关。在实际生活中，有人将"朋辈"理解为"同龄人""同届生""朋友"或是思想观念相似的人。由此可见，朋辈群体可以理解为有着相似学习、生活和工作背景，大多年龄相仿，有相近的心理特征与行为方式，愿意实现信息交流的群体。

在思想政治教育中，可以利用朋辈主体性、互动性、渗透性的特征增强教育实效，使得教育内容能够被群体接受的同时，潜移默化地为个体所接受，并且实现个体的内化。朋辈教育融入思想政治教育，要获得科学系统且长效的发展，必须坚持正确的价值导向，必须尊重学生成长成才的发展规律，形成良好的教育体系，选择适当的教育路径和方法。

（二）朋辈示范法的基本原则

1. 落实"以人为本"的理念和正确的价值导向

思想政治教育的终极意义是关注人的发展和实现人的价值。"以人为本"的教育理念，符合教育发展的趋势，更重要的是符合当前大学生主体观念加强的实际。"以人为本"的理念在教育过程中强调对受教育者既要引导，也要尊重、关心。具体来讲，朋辈教育在融入高校思想政治教育时，首先，须注意学生个体之间的差异性。以学生可接受为原则，进行适度教育，在教育过程中充分调动学生的积极性和主动性，从而推动受教育者的全面发展。其次，需要教育者仔细倾听受教育者的需求和反馈，不排斥问题的产生，尊重受教育者内心最真实的声音，设身处地为受教育者考虑，真正做到"以人为本"。除此之外，须注意的是，在整个教育过程中，高校辅导员和朋辈示范者要扮演好引导者的角色，突出受教育者的主体地位，不能直接提出解决问题的方案，要花心思引导受教育者向朋辈寻求帮助、向优秀的朋辈看齐，提高自己解决问题的能力，实现受教育者在教育过程中得到自我发展、自我完善的能力。

朋辈教育融入高校思想政治教育要坚持正确的价值导向，即立德树人。朋辈教育的价值导向与高校思想政治教育价值导向具有一致性，具体来说是指朋辈群体之间要去除消极的、负面的影响部分，坚持积极的、正面的导向部分。朋辈群体，尤其是高校大学生，看似只是身处和平、和谐的校园环境里，其思想却不仅仅局限在这片天地，实际上他们随时都会受到社会大环境的影响，不管是物质层面还是思想层面。信息化时代下，网络信息的庞大复杂甚至还带来功利心态、怨恨心态、盲从心态等不良因素，腐蚀大学生们的思想和行为，从而使其产生自我否定、迷茫懒散等心理问题。在这样的情况下，朋辈群体之间的交往变得复杂。高校辅导员要坚守这一主阵地，坚持以社会主义核心价值观为导向，这对朋辈示范法融入思想政治教育具有指导意义。

2. 遵循大学生成长成才的规律

高校辅导员将朋辈示范法融入思想政治教育中时，要尊重大学生成长成才的规律，尊重客观实际。准确把握大学生成长成才的规律，才能强化朋辈示范教育的针对性和有效性。遵循受教育者成长成才的规律是指把握具体教育对象实际的思想水平、认知水平以及自律能力，对其进行相应的教育。大学生的成长成才规律是一个复杂的系统，它既包含大学生自身的生理、心理发展，还包含大学生因社会化而产生的一系列社会关系的变化发展。简单来说，就是大学生自我发展的主观能动性和客观的社会环境能影响制约的因素。虽然这个规律很复杂，但具体来讲可以从家庭、学校、社会和个体自身四个方面入手，找寻规律的具体表现。比如说，首先，大学本科生在学校四年的成长过程中，经过四年的大学生活、丰富的社团活动、扎实的知识积累以及难得的实践经验，在每个时间段，自身的感受都是不一样的，其认知水平、思想水平、觉悟程度都会发生一定的变化。其次，大学生自身的情况也不同，这里指大学生个体先天的品质和后天培养的素质，每个人都是独一无二的，受个体自身的家庭环境、社区环境、自身素质条件等影响，每个人对新事物接受的程度不一样，接受时长、接收方式也有所不一。最后，大学生成长过程中被社会环境所影响，网络的发展使得信息传播迅速，社会上的事件也会在一定程度上影响大学生的发展，大至国家层面的方针政策，小至社区环境和家庭因素。正因为大学生发展规律的复杂，我们在进行朋辈教育时需要创新教育方式、优化教育内容，才能实现教育目的。在朋辈教育融入高校思想政治教育诸多教育方式中有一对一帮扶形式，由于朋辈帮扶者与帮扶对象双方的不断变化，比如帮扶对象已经成长至不再需要朋辈的帮助，或者两者之间由于性格等原因关系相处并不协调，又或者朋辈教育者自身不能胜任这份帮扶责任等，根据这些问题随时调整帮扶对象或者朋辈教育内容十分有必要，这样才能保证朋辈帮扶的真正效果。除了这里所说的帮扶形式，其他朋辈教育形式亦是如此。

(三) 朋辈示范法的主要路径

1. 课堂教学活动

习近平总书记曾指出，要"使各类课程与思想政治理论课同向同行，形成协同效应"①。通过将朋辈教育融入思想政治教育教学计划，与"思政课程""课程思政"等形成合力，画好协同育人的同心圆。

首先，朋辈教育促进思想政治教育教学目标的制定。按照"课程思政"的要求，根据各门课程的教学目标，挖掘出本课程中的思政因素，结合专业知识对大学生进行思想政治教育。制定思想政治教育教学目标需要明确大学生的实际情况，这里的实际情况包括受教育者关于思想政治教育的需求以及与社会要求之间的差距。

其次，朋辈教育助力思想政治教育的内容扩展和延伸。朋辈教育活动的总结反馈促使互动过程不断完善，通过对活动的总结，可以尽可能全面了解大学生的思想动态，避免流于形式，也能避免思想政治教育内容与青年学生的实际需求脱节。朋辈教育的具体内容有必要依据反馈总结及时调整。

最后，朋辈教育助力思想政治教育方式方法的丰富。教学方式的合理运用有利于坚持"思政课程"的主导地位不动摇，要实现"思政课程"与"课程思政"的协同发展最重要的是牢牢坚持"思政课程"的主导地位。在思想政治教育课堂的诸多类别中，采用课堂讨论形式，让学生以自身的经历和理解进行相互交流，由教师主导课堂进行总结，有利于教育内容的实施。特别是在心理素质教育课、生命安全教育课以及形势与政策课等课堂中，单以教师的讲解会显得教育内容过于苍白，而加入朋辈教育活动之后，能充分调动学生参与的积极性，有利于活跃课堂氛围。在职业生涯规划课等课堂中，专业教师能够给予理论指导和心理辅导，而在具体技能实践方面的指导更需要考虑到社会实际的就业现状与大学生的实际需求。社会就业现状复杂且多变，高校教师在具体实践方面显然不能把握社会就业情况的方方面面，这是一项似乎无法完成的工作任务。朋辈教育能够完美地解决这个问题，请优秀毕业生参与职业生涯规划课，他们结合自身情况的讲授对于受教育者来说实用且符合自身实际，也能达到职业生涯规划课的教学目的。

2. 校园文化活动

校园文化环境的打造对高校思想政治教育和高校本身都尤为重要，重视校园文化建设，打造以文化育人的良好环境刻不容缓。校园文化活动对于校园文化氛围的营造具有十分重要的作用。校园文化活动多种多样，根据组织形式可以将其分为班级活动、院系活动和校园活动。由于班级的划分，学生之间有较强的交往，班级活动参与度、活动效率高；院系活动因其专业性，凝聚力强；校园活动覆盖面广，更具权威性。朋辈教育通过校园文

---

① 习近平在全国高校思想政治工作会议上强调：把思想政治工作贯穿教育教学全过程开创我国高等教育事业发展新局面 [N]. 人民日报，2016-12-09（01）.

化活动融入高校思想政治教育，显然增强了隐形思想政治教育效果。

首先，以班级活动为依托进行朋辈教育。班级活动中思想政治教育性质较强的是班会和党日、团日活动。班级支部推选出先进模范进行交流发言。班级人数相对比较少，学生之间相互熟识，可以运用榜样教育的方法。树立榜样，是朋辈教育融入高校思想政治教育中运用时间最长且运用范围最普遍的方式。树立榜样需要进行精心的选择，并不是在某一方面或多方面都特别优秀的就合适。榜样的选择除了从学生的需要出发，更重要的是注意与学生的实际距离，这种距离并不是单指空间上的距离，还有学生本身与典型之间品质、能力的差距。选择正确的榜样，才能真正发挥榜样的示范作用，激发其他学生的观察学习动力，提升朋辈榜样的激励效果。在班级树立榜样符合这样的观点，因为在自己班级征求大家的意见选出的"榜样"比较有代表性，"榜样"就是自己的同学，是自己身边经常能接触到的人，更加具有亲和力。

高校班级支部在大学教育中具有十分重要的作用，高校的自由使得高校班级凝聚力更强，要引导班集体的正确前进方向，学风班风的建设在其中尤为重要通过依靠班级集体的力量开展朋辈活动，在班干部的示范作用中进行班风建设，助力良好班级学习氛围的形成。大学生朋辈教育有利于保障思想政治教育理论的教育引导的成果，还可以通过发挥班级的榜样示范作用，对其他班级产生影响，从而促进各院系、各班级的共同进步。

其次，以院系活动为依托进行朋辈教育。以院系活动为依托进行朋辈教育，可以着重推动朋辈教育网络平台化发展。当前是信息化时代，高校大学生普遍使用手机、电脑等网络终端设备，日常生活更是离不开网络。网络平台内容丰富、信息传播迅速，还具有用户交互性的特点，院系充分利用网络这一载体，可以很好地拓宽教育渠道、扩大教育范围，着力于将思想政治教育内容以非严肃的方式进行网络平台投放。这里所说的非严肃是指不以长篇大论单纯说理，而是用丰富的方式，比如设置话题、设置问题咨询、设置讨论论坛等，以诸如此类的方法将思想政治教育融入其中，一方面让学生能够在平台中大胆表达自己的观点，另一方面平台建设者可以很全面、很准确地把握学生的思想动态，清晰地了解学生在思想政治教育中的疑问和需求。

最后，以校园活动为依托进行朋辈教育。校园朋辈教育活动可以通过两种方式进行。一是由高校专门的思想政治教育者或是朋辈教育者负责，在大学生的生活区域，包括宿舍公寓、图书馆、自习室等地方，设置朋辈教育工作室，每个地方依据具体的区域大小和实际情况而定，设立专门负责该区域的朋辈辅导员，由朋辈辅导员对该区域的学生负责。朋辈辅导员之下还可以设置宿舍负责人、小组负责人等，依次往上，逐级负责。朋辈辅导员的设置实际上就是为了更加全面了解学生的问题，及时发现问题，及时干预危机状况。将朋辈辅导员组织起来形成一个工作小组，定时进行工作总结反思，做到朋辈教育的全覆盖，从而在潜移默化中增加思想政治教育内容。二是由学校专门部门负责组织校园文化活动。校园文化活动作为校级活动，不能让学生自行摸索进行，而需要专门教师的带领。在专业教师的带领下，学生进行具体操作，这样一方面能够保证活动的顺利完成，另一方面能锻炼学生的能力。校园活动是打造良好的高校教育氛围和教育环境的重要方式。校园活动包括同学们亲身组织参与的活动，还包括学校特意组织的活动。学生亲身组织参与的活动包括"感动校园人物""争优创先先进个人"等优秀人物的评选活动。学校组织的活动包括组织观看相关电影，或是组织欣赏相关戏剧表演等，还有国庆节、国家宪法日等重要节日的活动。这些活动的开展不仅可以丰富校园文化，也可以反过来让校园文化的影响保证朋辈教育的教育效果。

3. 社会实践活动

社会实践活动是朋辈示范教育融入思想政治教育的重要的途径。学校组织的社会实践活动包括暑期"三下乡"、相关理论宣讲活动等，还包括相关的支教服务和志愿者服务等，在这些由相关教师带领负责、学生社团自行组织的社会实践活动中如何运用朋辈教育的力量，是值得探索的问题。朋辈教育只是一种看不见、摸不着的教育方式和方法，所以要真正发挥作用需要物质力量。故此朋辈教育的实施在活动过程中需要通过朋辈教育队伍实现，需要朋辈教育示范者的扎实理论武装，使得知识传递更为便捷、广泛。朋辈教育队伍的打造需要相对专业的选拔、培训。朋辈教育者的选拔不用多说，这里主要讨论朋辈教育者的培训问题。经过严格筛选出来的朋辈教育者已经相当优秀，但还需要定期的短期培训，以巩固培训效果。培训内容需要经过周全的选择，除了增强思想政治教育内容的培训之外，还须纳入相关心理知识的培训。这不仅能增加朋辈教育对思想政治教育的效用，还能让朋辈教育者意识到自己的重要作用，在教育过程中用平等的方式进行人际交流，在具体的实践中能够换位思考。

社会实践活动的成功进行离不开高校辅导员对整个活动过程的把握，必须做到以学生为主体，在具体实践活动中给予学生相应的支持，让学生自觉作为主角参与到社会实践活动中去，比如在"三下乡"过程中，由学生自行规划活动、自行组织活动、自行总结活动，而辅导员只在有错误的地方指出引导即可。在理论宣讲时，由学生负责理论内容的收集编辑、理论的宣讲，辅导员则负责从旁协助。坚持学生的主体地位是实现朋辈示范教育的重要理念，将思想政治教育辐射给朋辈教育者们，由他们在一次次活动中进行再次辐射，以传帮带的形式，提升育人实效。

三、心理疏导法

(一) 心理疏导法的内涵

1. 心理疏导法的概念

心理疏导从心理学起源,是对认知心理学基础的深化。心理疏导有狭义和广义之分。狭义的心理疏导是心理理疗领域由专人帮助病患进行心理疏通引导,从而实现对疾病的治疗,使身体健康发展的治疗方法。广义的心理疏导指心理疏导者用语言或非语言的沟通方式进行心理层面的疏通和引导。心理疏导者利用心理学的基本理论和技能,解决被疏导者的心理问题,培养他们的良好心态,提高他们的适应力,促使其人格健康发展。

心理疏导作为一种岗位技能,可以应用于管理、教育、医疗、社区工作等多个领域,甚至对于改善个人和家庭生活也是有价值的。从这个层面上来说,心理疏导是一种个人社交技能,它能够缓解和疏导个体出现的心理问题、发展困惑等,使得个体能够自我调节和自我发展,促使个人改善自我调控、协调人际关系的能力。

2. 大学生思想政治教育中的心理疏导

大学生思想政治教育中的心理疏导主要是指心理疏导者运用心理学理论和技巧,通过解释、说明、教育、支持、帮助等手段对大学生进行共情交流、思想交流、情感疏导,解决发展性问题。根据不同学生的心理状态,通过心理问题的疏导来改变和影响大学生的思想和行为,促进大学生的身心发展。

大学生思想政治教育中的心理疏导中,疏导主体是有心理学背景或者掌握心理学相关知识的思政教育工作者,不仅具备教育学、心理学、思想政治理论基础,还要熟练运用心理疏导的各种方法和技能,有效地引导和帮助教育对象解决自己的负面情绪,培养理性平和的心态。心理疏导对象具有广泛性。在日常学习、工作、生活中因为各种原因产生心理困惑、存在心理障碍的大学生是心理疏导的重要对象。心理疏导既要专注于解决这些学生面对的各种问题,又要帮助他们消除心理障碍、解决心理困惑、开发心理潜能、促进健康成长。心理疏导不仅要关注存在心理问题的学生,而且要关注全体大学生的心理发展。和心理咨询相比,心理疏导的运用范围更加广泛,专门的心理咨询场所不是必需的,在课堂、活动中都可以进行心理疏导。面向全体学生开展心理健康课程、举办各类心理疏导活动、提供心理咨询服务、进行心理危机干预都是心理疏导的形式。

（二）心理疏导法的基本原则

在心理疏导的前期，要做到"价值尊重"。高校辅导员对大学生进行心理疏导时，要以真诚为基础，让接受心理疏导的大学生充分感受到真诚、信任和接纳，要充分肯定大学生在心理矛盾中的积极因素。在心理疏导的中期，要做到"心理沟通"，在对大学生进行情绪疏导、事理分析的同时，调动起被疏导者自身的力量，使其充分认识到原有价值观和应有价值观之间的差异，并积极探索寻求解决之法。在心理疏导的后期，主要应采用"价值引领"的原则，帮助受教育者形成正确的价值观，提升被教育者的思想政治素质与道德素质。

（三）心理疏导法的主要路径

1. 强化大学生思想政治教育中心理疏导的理念

青年学生处于极易塑造又极不稳定的时期，这一时期，对扮演心理疏导者角色的高校辅导员正确关怀和引导学生提出了新的要求。对于每一位学生，既要了解他们入校前的学习及生活经历、入学的目的，以及入校后在学习、生活、未来理想等各方面的期望和想法，也要对每一位学生政治上不断成熟的想法和趋势有全面清醒的认识。高校辅导员要走到学生中去，拉近与学生之间的距离，理解学生的真实想法和诉求，以实践出真知，积累心理疏导的方法和经验。

2. 培养大学生主动接受心理疏导的意识

第一，要转变大学生对思想政治教育中心理疏导的错误认识。大学生的心理疏导，不单需要大学生自我学习以提高相关方面的认识，同时也需要教育者的帮助。加大心理疏导的宣传，拓展学生了解心理疏导的渠道。通过多平台宣传心理疏导，让学生正确认识心理疏导，正确看待心理疏导的地位和作用，突出心理疏导解决学生发展问题的特点，引导学生消除错误认识并接受心理疏导；定期组织学生开展心理疏导的集体活动，通过集体的力量让大学生加深对心理疏导的认同；引导学生了解心理疏导的理念是以学生为本，遇到心理困惑有向辅导员求助的意识，有主动诉说的想法；举办心理疏导相关的知识竞答活动，心理疏导者要用更加通俗化的语言，用贴近大学校园生活的活动主题来考察学生对心理疏导知识的理解程度，对关键问题进行点拨，有助于大学生接受心理疏导。可以通过一系列举措，转变学生对心理疏导的错误认识，强化对心理疏导以学生为本的理念的正确认识。

第二，思政教育者要抓准疏导时机。首先，抓住疏导的情绪时机。学生情绪的稳定对教育者的疏导工作十分重要，只有情绪稳定的学生才能接受新的事物和思想，而在情绪不稳定的混乱状态时进行疏导，反而会让学生产生抵触心理。其次，抓住疏导的事件时机。人在遇到困难时，往往需要借助外界的力量实现自我平衡。大学生在学习和生活中遇到挫折和失败时，现实与理想之间的差异导致大学生情绪低迷、心灵脆弱并有倾诉的需求。教育者应抓住这个时机进行疏导，耐心倾听学生的心声，及时排解他们的疑惑、消减他们的顾虑。

3. 完善大学生思想政治教育中心理疏导的内容

（1）提高心理疏导内容的针对性

高校辅导员需要根据每个人的具体情况，具体问题具体分析，制定最适合的疏导办法，不能千篇一律、原封不动地照搬心理疏导理论，因为每个人的心理变化都有其自身的特点，具有特殊性，每个人的心理困扰的形成原因不同，程度深浅也不尽相同。

首先，高校要定期对心理疏导教师进行培训，拓宽从业教师的专业知识范围、强化其理论体系，并组织教师们参与公益活动，不只能够帮助那些或因社会，或因个人家庭产生一系列心理问题的个体，更可以丰富实践经验，运用到大学生疏导工作中。其次，高校进行的心理疏导既包括对学生因生活不适应而产生的心理问题的疏通，也包括学习、工作、恋爱、就业、专业发展等方面的心理疏导。每个人的问题背后的原因和环境不尽相同，因此必须根据每个学生的实际情况展开有针对性的疏导活动。

（2）促进心理疏导内容与现实的结合

当今社会在经济、政治、文化等各方面都有着长足的发展和提高，大学生所面临的心理问题也更加多元复杂。面对新问题要有新思路，为适应社会发展的需求，高校的思想政治教育心理疏导的理论体系也需要不断创新和发展。

大学生的思维处于成长高峰期，心理疏导工作要结合大学生的心理发展特点，选择最适合的方式方法进行疏导。心理疏导的内容不宜单一，疏导内容应尽可能丰富多彩，形式应尽可能新颖多样。

目前，高校心理疏导的内容主要有情绪疏导、认知疏导、适应疏导等。疏导者开展心理疏导时，必须坚持理论与实践相结合。对于心理认知疏导，高校辅导员既要熟悉专业知识，也要让学生懂得自己在社会中的价值。大学生通过心理疏导，可能无法在短时间内完全理解自己在社会中的价值，但通过学习和实践来提升自我，能更好地适应社会环境。适应性疏导的引导范围不限于校园生活，主要还应引导学生毕业后适应社会。辅导员应通过与学生之间的定期沟通，引导学生适应新环境。

（3）实现心理疏导内容的多样化

心理疏导应大力发挥大学生的主体性，这就要求学生在心理疏导教师的指导下将自己的问题、需求倾诉出来，使疏导教师真正地了解其存在的问题，根据具体的问题制定合适的解决办法。因此，心理疏导教育者们一定要有意识地在工作中将大学生放在主体地位。发挥大学生在疏导过程中的主体地位，使大学生在接受心理疏导后，转变原有的错误思想、消极思想，为他们树立一个正确的思想标杆，使其今后能以积极向上的态度更好地完成学习和工作。

4. 优化大学生思想政治教育中心理疏导的方法

对心理疏导方法中有价值的一面要进行肯定，对于已丧失存在价值的旧方法要用新方法代替。

（1）激励疏导法

激励疏导法的特点在于肯定和鼓励人的正确行为，从而激发其主观能动性，调动人的积极性和创造力，为取得更大的成就做好充分的准备。常用的激励引导方法有如下三种：

第一种是目标激励法。目标激励法是利用一定目标来不断刺激人们前进，调动大学生的积极性、主动性和创造性，从而达到教育目的的方法。一个鼓舞人心的目标更能让人们产生希望，产生催人奋进的效果，充分调动人们的主观能动性。值得注意的是，教育者在激励学生时应该引导学生制定正确的个人目标。

第二种是强化激励法。强化激励法是采取肯定或否定学生的行为，使其继续或终止该行为的激励方法。在加强奖励措施时应注意，强化行动要及时有效地进行，拖延势必会影响效果。疏导者应该做到大加赞赏学生正确且积极的行为，批评制止错误的行为。

第三种是信任激励法。信任激励法是指通过对学生的信任、认可、尊重等方式调动学生的主观能动性，促使学生积极向上的方法。信任激励法能够让学生通过他人的认同、鼓励来增加自信和自尊心，提高积极性，有助于形成学生健康的人格。

（2）渗透疏导法

渗透疏导法是指通过运用无意识教育的原理，通过潜移默化的方式，把疏导工作渗透到对学生的培养过程中。渗透疏导法采用隐性教育模式，对学生的心理进行潜移默化的疏导。这就需要教师具备人格魅力，作风品行端正，教学气氛和谐；加强对每一位学生的重视，以及充分利用心理健康教育等一系列能起到渗透效果的活动课，这种做法对渗透疏导的开展很有帮助。从医学角度来讲，人的大脑在无意识状态下对行为的支配能力是很强大的。因此，在开展心理疏导活动时应该采取渗透疏导。

教师要充分发扬自身的人格魅力，通过自身涵养与人品，潜移默化地影响学生的品格。身教胜于言传，学生将会从教师身上吸取优秀的个人品质，不断进取。不仅如此，教师还可以借助文化活动、体育活动等多种形式进行学生疏导工作。这种做法不仅能缓解学生的压力，更有助于培养学生的兴趣爱好，使他们在轻松愉快的环境中启迪思想、陶冶情操。从心理学角度分析，在一个新颖的、丰富的、多样化的学习环境中，激发学生的兴趣与关注，能够大大提高他们的接受程度。

（3）体验疏导法

体验疏导是指学生通过主动参与活动收获体验，在疏导教师的指导下，学生之间互相交流、分享心得体会，并且提高认识。体验疏导法是指通过社会实践、班团活动、社团活动等学生活动，使学生充分释放内心压力，宣泄不良情绪，从而认识自我、解决问题的一种方法。学生流露真情实感，吐露真实的想法后，会在教师的帮助下，反思自己的行为，真正认识自己的内心。学生在轻松的集体活动中，内心的防备与枷锁就会松懈，他们也就敢于说出心里的辛酸苦辣，有利于师生间的良性沟通。

（4）互动疏导法

互动疏导法是建立一种师生平等、相互尊重的、彼此信任的关系的心理疏导方法。这种方法贴近学生生活，更容易被学生接受，师生间建立平等的交流模式，在交流中师生相互启发、相互学习。在疏导过程中，随着教师对学生的关心和爱护增多，学生对教师的信任度也会增强。这样一种平等的沟通机制更加注重大学生的主体性、能动性，有利于促进学生自我反思、自我教育。与传统的疏导模式不同的是，这一方法不再是教师说教的模式，而是以学生为主体。具体来说，心理疏导者要以学生为中心，耐心地倾听学生的问题和需求，做学生的知心朋友。对于学生错误的思想和言行不做批评，避免学生产生抵触情绪带来不良后果，在了解的基础上进行沟通和引导，与学生在民主、平等的氛围中进行交流，使学生在交流中发挥积极主动的因素，实现自我成长。

第三章 "三全育人"理念下高校思政教学基础

第一节 "三全育人"理念促进高校思政教学改革的理论探索

一、"三全育人"理念概述

(一)"三全育人"的概念

不同学者对"三全育人"中所包含的各方面界定有所不同。这里总结了学界的研究成果,并将相关理论与大学生思想政治教育工作进行结合,还引入了"三全育人"这一理论进行分析。总体而言,"三全育人"的主要目的是育人,具有系统化特点,可以实现全面化育人。

(二)"三全育人"的内涵

1. 全员育人

"全员育人"是针对育人的实施和发动者的范围概念,强调社会、家庭和学校都是育人的主体,都负有育人的责任。具体来说,首先,社会一切人员都负有育人责任,党和政府、各单位,以及具有社会影响力和社会关注度的人都是育人的主体,都可以发挥育人功能。其次,家长也是主要的育人主体,担负着培育和塑造高校学生思想政治素质的育人任务,对于育人工作的成效发挥着重要作用。

相对于社会和家庭,高校是更为主要和重要的育人主体,高校是主要的育人阵地和育人场所。高校所有的工作都具有育人的功能,高校所有的教职工也都负有育人的责任。高校管理人员、思政课教师,以及其他专业课教师、班主任和辅导员、后勤服务人员,都应按照分工协作的要求,认真担负起各自应尽的职责,发挥各自的优势,将管理育人、教书育人和服务育人协调起来,共同做好育人工作。

2. 全过程育人

"全过程育人"是基于纵向时间角度来阐述如何培养一个优秀的大学生。学生的心理发展具有阶段性，从而表现出不同的心理状态，这就要求高校的育人工作要灵活把握学生的心理状况，厘清其心理问题产生的原因。这一过程中，可能入学前学生更希望对即将上学的大学校园环境、相关政策、易接触的机构以及军训状况有所了解；大一刚入学，由于离开家人和原先的朋友，与之前截然不同的学习方式、所就读学校与预期学校的不同、遇到的学生层次与以往的相比不同造成的心灵冲击，此时他们不仅需要建立自我认同，也需要群体认同；大二时，大学生会参与学科竞赛、社团活动等，要鼓励学生自主地参与到学生管理工作和竞赛、实践的活动中，锻炼学生的自制力，培养学生的自主管理能力，激发学生的竞争力，做到自我教育、科研育人与实践育人；大三时，需要对学生的专业课课程加大重视，查看是否有课程需要重修等，大学生的职业生涯规划、创新创业教育、挫折教育、普遍的法律基础和心理健康等也需要加入教学过程，让他们对自己的未来有清晰的认知；大四时，学生可能更焦虑毕业后的出路，公务员、支教或选调生、考研、找工作等，此时，学校需要提供的不仅仅是就业信息、相关政策，应更加重视对学生的心理疏导，以便辅助学生找到更适合的出路；毕业后，还应继续与学生联系，了解选择不同出路的学生状况有利于对接下来的学生进行更好的辅导。通过这一育人过程，发挥育人的全程性原则，育人工作的发展同事物发展的规律一样，因此要对大学生的思想观念、价值观指导从长远局面出发，立足每个学生的实际，遵循他们的认知差异和规律，从学生现实的思想政治学习需要出发，循序渐进地优化教育方法，充分发挥育人的时效性。

3. 全方位育人

"全方位育人"，是针对育人工作的空间概念。全方位育人，就是要充分利用不同的载体，采取不同的教育方式方法，将育人寓于教学、服务和管理之中，将显性教育同隐性教育结合起来，实现校内校外、课上课下以及线上线下多层次、多角度展开育人工作；就是要充分利用社会、家庭和学校等不同空间，将不同空间结合起来，从空间上形成全覆盖育人。全方位育人强调要注重学生德智体美劳全方面均衡发展，杜绝了单向度和片面性育人。

全方位育人工作的最终目的是实现处处育人，高校的全方位育人还强调育人的全面性和成效。从空间的范畴来看，要进行全方位的覆盖，以达到全面培养人。近年来，全方位育人的空间不断拓展，不仅包括第一课堂、第二课堂，也包括利用网络等多种平台进行教育资源的汇总和优化，不断拓宽育人工作的空间和领域。全方位育人还强调个体全面而协调的发展，将思想政治教育渗透德育、智育、美育、体育等各项教育中，通过多方面的渗透，形成课上课下、线上线下、全方位立体化的育人体系和全面育人格局，以实现培养全面发展的时代新人。新时代全方位育人的基础是"合"，重在协作和互通，发挥"师生家校社"的联动作用，形成一体化育人合力。

二、"三全育人"理念在高校思政教学中的优势

（一）育人的整体性，协调各方力量形成教育合力

"三全育人"的整体性在于形成教育合力。新时代是中华民族日益走近世界舞台中央的新时代，随着社会的发展，信息多元化，中西方文化不断交流碰撞，新时代的育人环境变得复杂而多样。为了新时代的青年一代思想阵地不被腐蚀和侵占，高校必须牢牢抓紧学生的思想，但是仅仅靠思想政治教育者还远远不够，必须通过多种途径齐抓共管。首先，新时代高校"三全育人"的整体性就在于育人工作不仅依赖思想政治教育工作者，还包括校内的所有人员共同育人，形成全员育人格局。其次，"三全育人"的整体性在于校内校外联动育人。大部分高校仅限于校内育人，与外界联系较少，这并不能充分发挥育人主体的育人功能。新时代高校"三全育人"要求注重校内和校外互通互动、共同育人。育人主体扩展为学校、家庭和社会多方参与，通过共同配合、相互协调，不断挖掘育人资源、不断拓宽育人渠道，从而形成有机联动，最终凝聚成巨大的教育合力，不断提高育人成效。

（二）育人的全程性，全程跟进各阶段教育的关键点

人的思想是多变的也是可塑的，育人的过程其实就是塑造人的过程。新时代是实现中华民族伟大复兴中国梦的新时代，因而必须注重高等教育人才的培养，促使高校能够不断为社会和国家输送优秀人才。新时代高校"三全育人"理念中的全程育人，遵循了人的思想品德发展形成的规律，要求长期全程跟进育人工作，不同的阶段采用不同的教育内容及方式，这使得育人工作在时间上得以延伸。

从入学时期到在读时期再到毕业时期，甚至是毕业后的很长时间内高校育人工作仍在持续跟进。根据不同的育人阶段，抓好受教育者成长的关键点，能更好地保证受教育者顺利完成学业并且成人成才，不断提高高等教育人才培养的质量。

（三）育人的全面性，促进受教育者全面发展

人的全面发展是高校育人工作的出发点和落脚点，也是全人类教育事业追求的终极目

标。新时代，为了夺取新时代中国特色社会主义伟大胜利，全面建成社会主义现代化强国，建设高等教育强国，也为了满足和尊重人的发展需求、社会的发展需要，高校"三全育人"提倡素质教育，将思想政治教育融入德、智、体、美等教育，注重各方面协调发展，培养全面发展的人才。这种育人的全面性能够提高学生的科学文化素质、思想道德素质及各种能力，促进受教育者全面而协调地发展。思想政治工作绝不是单纯一条线的工作，而应该是全方位的，无处不在、无时不在的。

因而，"三全育人"也强调从人员调动和时间维度、空间维度多层次地开展全方位育人工作，通过高校、家庭、社会、受教育者自身等多方配合协调教育力量，整合教育资源，采用多种方法和手段，实现线上线下、课上课下、全方面、宽领域的全方位育人局面。这种全方位育人是高校育人工作全面性的体现，有利于全面培养人和培养全面发展的人。

三、"三全育人"理念融入高校思政教学的依据

（一）系统性理论

我国系统思想有着悠久的历史，主要反映在朴素自然观里，如对万物本原的认识、自然系统的认识等，都是为了解决自然现象、社会现象出现的问题。

人的思想品德结构是一个系统，当主体内在因素与客体因素在实践基础上相互作用、相互协调，才能使其达到社会所要求的状态。那么在开展思想政治教育工作时，教育者就要使教育对象在其身心素质发展的基础上，借助教育内容、方法、载体等各种客体因素，包括环境因素，使它们朝着思想政治教育的根本目的和立德树人的根本任务同向作用，让教育对象的思想品德达到社会所要求的标准。思想政治教育也是一个系统，要使它发挥最大的效果，就要充分考虑所有影响思想政治教育效果的因素——教育者、受教育者、教育介体、教育环境等，而这正是"三全育人"——全员、全过程、全方位育人所依据的理论所在。同样，"三全育人"也是一个整体，整体中的部分相互联系、密不可分，但每个部分又发挥着不同的作用。作为前提基础的"全员"育人要形成统一的育人意识，凝聚育人力量，共同承担育人职责；作为必要依托的"全过程"育人要使全员重视和利用思想政治工作，关注育人对象身心发展的每个阶段、每个环节，以落实立德树人的根本任务；作为拓展保障的"全方位"育人要使全员既要重视和利用思想政治工作关注育人对象身心发展的每个阶段和环节，又要利用这个整体之外的每个阶段和环节来协同落实立德树人的根本任务。只有全员育人、全过程育人和全方位育人中的"全员""全过程"和"全方位"相

互作用、相互协调，"三全育人"整体才能达到平衡的状态，发挥育人效果，使思想政治教育实际工作达到预期效果。

（二）学生投入理论

学生投入首先是一个概念，与此对应的还有学校投入、教师投入、家长投入等。到目前为止，对于学生投入的定义暂无定论。因为如何定义学生投入，就意味着如何理解学生投入，决定它对不同交流的使用程度。以乔治·库为代表的学者将学生投入定义为"学生全身心地投入有目的教育活动中的时间、精力，以及教育组织投入教育实践中的努力"。在这里，学习投入与学习组织即学校紧密相连，它通过有同伴支持的学习者、教师以及教育机构实现。学生投入可以减少学生对学习的厌倦、疏远以及辍学行为。在学生投入的研究中，涌现出了具有不同侧重点的学生投入模型，使学生投入的研究更进一步发展。

（三）教育的双主体理论

教育的双主体理论认为教育者和受教育者都可以作为教学过程的主体。它不同于传统的思想政治教育中"教育者是主体，受教育者是客体"的教学，它打破了教师讲、学生听的教学方式，而是在教学过程中将学生也作为教学活动的主体，也就是说学生可以作为课堂知识的传授者。在课堂上，教师和学生可以平等地进行交流，师生双方可以在实践教学活动中进行平等有效的思想交流和知识共享，用这种方式来实现教学的效果。教育活动的效果取决于师生的互动过程是否有效，这是双主体理论的特征。教学过程是师生之间双向互动的过程，这不仅是教育者发挥主导作用并对受教育者产生教育影响的过程，而且也是受教育者受到教育影响并进行自我教育的过程。因此，在整个教学过程中，实现师生双向平等的交流与互动，建立更加融洽的师生关系，可提高学生语言表达和分析总结的能力，也可以使思想政治理论课更接地气、顺应时代潮流、更加有效。

四、"三全育人"理念下高校思政教学改革的路径

（一）构建高校"三全育人"思政教育联动机制

1. 立体构建"三全育人"联动机制

（1）以全员育人实现全程育人

"全程育人"犹如一条时间线，"全员育人"犹如线上的点，点可以动成线，亦可丰富线的宽度和广度。高校的"全程育人"是在时间上对高校学生进行全天候思想政治教

育，"全程育人"在时间发生频次上可以分为常规的育人和特定时间的育人。常规的育人是思想政治教育可以持续展开的基础，包括思想政治理论课的日常思想政治教育、辅导员日常谈心谈话、专业课思想引领、团课党课等；特定时间的育人是思想政治教育入心入脑的关键，主要包括入学教育、择业就业教育、假期安全教育、毕业生价值观教育等。不论是在常规教育还是特定时间的教育，全部教育人员都应该各司其职地完成教书育人任务，实现每一个点在线上的能动作用，充分发挥育人职责。

（2）以全程育人构建全方位育人

"全方位育人"是空间上的育人，"全程育人"是时间上的育人，脱离时间而存在的空间是不可能的，育人也是如此，在各个方面做好全程育人，以每一层面的"全程育人"构建起立体的"全方位育人"。要想真正实现以全程育人构建全方位育人，要有完整的机制保障，自上而下，细致安排，将每一方面的育人在特定时间展开，并时刻以思想政治理论课为主阵地，根据大一、大二、大三不同阶段制定侧重点不同的育人举措，切实落实好不同方面的不同制度，让学生真切感受到高校"三全育人"工作的无死角和长效性。

2. 改善"三全育人"联动机制运行方式

（1）构建全员育人机制

"全员育人"作为高校"三全育人"联动机制中的重要层面，应从两个方面建立联动机制：一是学校层面要建立各职能部门、教辅部门以及党政部门所有员工共同配合的齐抓共管的教育机制；二是校外层面要建立家庭、学校、社会的联动机制，全面做好各个层面的教育工作，真正实现齐抓共管。

（2）构建全过程育人机制

"全程育人"作为高校"三全育人"联动机制中时间上的构建，在时间上构成各个方面的全程育人是进一步加强和完善高校"三全育人"联动机制的关键，但是"全程育人"需要更多的教育人员花更多的时间去构建，因此应该突出重要时间节点的教育，使得最终的教育效果可以事半功倍，提升教育人员的育人获得感和幸福感。从时间轴上看，高校的学生从入学到毕业都应该分别给予高度重视。

（3）构建全方位育人机制

"全方位育人"代表的是"三全育人"联动机制中的空间育人维度，可以说，它是三者中最难构建、最为复杂的。"全方位育人"有着丰富的内涵，比如教育教学方法方式的多样性、教育教学思想的创新性、教育教学内容的全面性以及教育教学过程的层次性等。以高校为例，学生从踏入校园那一刻起，就要求他们在注重技能培训的同时，要用比正常大学生少一年的时间学习专业课，更要兼顾学习思想政治教育，树立坚定的理想信念和远大的政治抱负。而高校在"全方位育人"层面就是要利用各种有效的教育教学办法实现这一目标，将高校学生培养成为"德技双馨"的新时代中国特色社会主义接班人。

（二）以立德树人的目标引导育人共同体

目标是一项工作的出发点和落脚点，有了目标，工作才会有动力。同样，开展"三全育人"工作，要知道工作的动力是什么。"三全育人"的工作重点是育人，根本目标是立德树人，它也是全社会共同的育人目标。为此，高校要深刻把握立德树人与"三全育人"的本质联系。首先，立德树人与"三全育人"的工作出发点和目标都相同。立德树人与"三全育人"立足社会发展需要，围绕培养什么人、为谁培养人和如何培养人来做人的工作，因此工作出发点是培养人。两者的工作目标是培养德智体美劳全面发展的人，为实现中华民族伟大复兴培养社会主义建设者和接班人。其次，立德树人是目标导向，"三全育人"是具体要求。立德树人是我国教育的根本任务，从国家发展需要角度指出"树什么人"、为人"立什么德"，是开展"三全育人"工作的方向标。"三全育人"贯彻落实立德树人的具体要求，具体回答了"怎样树人"和"怎样立人之德"的问题。最后，立德树人内在包含着"三全育人"。立德树人是教育的根本任务，也就是社会、家庭和学校共同的任务。社会各部门、各单位、各级各类学校和每个家庭都要有立德树人的共识，在学生学习教育的每个阶段以及生活等各个方面，引导学生树立正确的思想道德观念、政治观念和价值观点，进而形成正确的世界观、人生观和价值观，即举全员之力，充分利用社会大环境、区域小环境、发展的新环境，衔接、持续地将立德树人贯穿到基础教育和高等教育中，使学生在德、智、体、美、劳等各方面得到全面发展，这正是"三全育人"的内涵。以立德树人的目标引导育人共同体，就要发挥思想政治工作的统领作用，明确党的教育方针，以全面理解立德树人的内涵为思想基础，深刻把握立德树人与"三全育人"内在联系为推动力，统筹社会、家庭和学校之力，持续推进育人工作，强化育人工作内容的衔接性、优化、利用育人环境，使育人工作中的各要素相互协调、同向发力。

（三）全面细化育人举措，畅通内外衔接

将立德树人贯穿到教育教学全过程，贯穿到基础教育、职业教育、高等教育各领域，实现全员、全过程、全方位育人，就要统筹各方面育人要素，使其相互配合、协同推进，以构建"三全育人"共同体。

首先，协同育人力量，提升育人执行力。学校开展育人工作，需要校内所有师生承担育人职责，发挥育人作用，还需要家庭和社会的协同配合，以立德树人为共同目标，引领

学生树立正确的人生观、世界观和价值观。因此，要健全校内外育人沟通、监督机制，围绕"十大育人体系"在育人资源利用、育人作用发挥情况方面共享信息，共同探讨、解决问题；学校与家庭、社会要围绕是否正确引领学生的思想价值观互相交流、监督，在此基础上，学校综合考察校内外育人目标是否一致、育人内容是否相互承接、育人效果是否持续深化，综合考查学生对知识与价值关系的认知程度，集思广益，共同解决育人过程中的问题，优化育人内容、改进工作方法、创新工作载体。

其次，整合、共建优势育人资源，实现资源共享。校内的物质文化和精神文化中包含着育人导向的资源，包括良好的学风、师德师风、校风、内含寓意的标志性建筑物等，以及"十大育人体系"各方面的育人资源；校外有各种爱国主义教育基地、中华文化教育基地等；家庭有家风、家训等，这些育人资源要按照育人内容的不同分门别类地整合，同时开发网络育人资源，实现基础教育到高等教育的育人资源有效利用与共享。大、中、小学要充分利用线上育人资源，与线下资源形成优势互补，有选择地链接其他地区育人资源，实现不同地区育人资源互通共享；要结合地方特色，共建育人资源，着重用好家庭资源，实现校内外育人资源的对接补充。

最后，覆盖全场域，促进互通融合。实现"三全育人"，落实立德树人的根本任务，需要各部门、各主体"守好一段渠""种好责任田"，全面抓住影响育人效果的场域，实现各方面的有效互通、协同衔接。一是要推进课内外衔接。课堂教学是教书育人的主渠道和主阵地，通过多样、丰富的内容及传统和现代方式、载体，帮助学生理解知识，内化于自己的知识体系之中。但还需要课外教学活动来帮助深化对课堂教学内容的认识，达到理性的高度，同时付诸实践。这需要学校各部门、各岗位的育人主体协同社会、家庭结合课堂教学内容，共同探讨通过校园文化活动、教学体验、社会实践、志愿服务等活动形式，带领学生亲身体会以帮助他们深化认识，引导他们付诸实践，逐步形成良好的行为习惯、品德素养。二是要推进在校与假期的衔接。学生在校学习是有组织、有目的、有针对性的，而假期学习除了定量的课业任务就得靠自主学习。

各级各类学校要根据各年级学生的身心成长特点、教学目标、假期时间，设置合理、多样的实践主题，联系家庭、社会育人主体共同引导学生独立完成。小学阶段注重劳动意识和动手能力的培养，引导他们养成良好的生活习惯、主动帮助他人的行为意识；中学阶段注重知识技能的学习、运用，引导他们逐步养成认真负责、吃苦耐劳、自立自信的品质，以及乐于助人、服务社会的情怀。大学阶段注重就业、创业和升学，结合学科和专业特点积极开展实习实训、专业服务、科研培训、社会实践、勤工助学等，引导学生重视新知识、新技术、新工艺、新方法的应用，创造性地用理论指导实践，解决实际问题，促使他们提升学术、专业、职业素养，积累工作经验，以提升就业、创业和继续学习能力，树立正确的择业观，使其具有在实现个人价值的同时奉献社会的精神。

(四) 以系统的制度体系固化育人共同体

1. 建立健全责任制度

围绕立德树人的根本任务，从中央部署到地方推进，再到学校落实，各层级需要按照各自的"三全育人"工作方案，领任务、担责任。人事部门要根据各部门职责、各岗位职责，将育人职责要求纳入其中，明确责任主体、责任落实和追究。省级层面育人工作要按照中央的要求，在抓各级各类学校党组织建设、思想政治工作、校党委工作等方面，将评选各类学校、各单位、各组织"三全育人"先进集体和宣传"三全育人"工作、先进典型事迹，以及加强指导规范的工作任务落实到各职能部门，明确责任主体、责任落实和追究。学校层面以校党委为领导的"三全育人"工作组，要明确党政部门对"三全育人"工作的意识指导、宣传教育责任；明确人事部门要建立与"三全育人"内容要求相融合的岗位考核制、年终考核制；明确各职能部门、各教学单位承担"十大育人体系"的责任，建立与岗位职责相融合的工作制度；明确教师指导学生党建团建、社团活动、科研和文体竞赛等方面的责任制。总之，明确全体教职工的育人职责，实现时时处处育人、事事处处担责。

2. 建立健全考评制度

育人工作做得好不好、有没有效果，需要通过考评制度进行定量和定性分析，以实现信息有效反馈、及时发现问题、适时解决问题来加强和改进思想政治工作，激励学校育人主体积极主动承担育人责任、发挥育人作用，促进学生的全面发展，最终达到检验育人工作成效的目的。

首先，确立考评主体。考评育人工作首要的就是弄清楚谁来考评、考评谁的问题。考评学校育人工作，需要省级层面、学校师生参与，考评对象就是学校全体师生。省级主管"三全育人"的工作部门要对各级各类学校育人工作进行考评，同时学校要对校内各部门、各单位和每一育人主体的育人情况进行考核。这两个方面的考评既要看教职工做了什么，又要看学生收获了什么。

其次，确立考评目标和内容。"三全育人"工作的根本任务是立德树人，具体而言就是培养德智体美劳全面发展的社会主义建设者和接班人。无论是省级层面的考评还是学校自身的考评，都要以这个根本任务和具体目标为出发点和落脚点。省级层面要着重围绕学校是否将立德树人贯穿到办校治学、人才培养等各方面的内容进行考评。学校要立足"十大育人体系",围绕学生身心健康发展,从学生是否在学习、生活、工作等方面得到帮助和引导来考评教学、管理和服务部门的教职工是否结合岗位特点,承担育人责任,发挥育人作用。既要考评教师教的情况,如教育内容、教育方法、教育态度、育人工作量等,同时又要考评学生学的情况,如思想状况、行为变化等;既要考评育人工作的整体,也要考评育人工作的部分。

再次,制定考评时间计划表。结合学校党政工作、教务工作和"三全育人"工作实施方案,可有季度考核、学期考核、特定时期考核以及年度考核。如入学教育、重大节日、社会热点事件、考试周、就业升学等单项育人方面考评周期就可短些,而班风、学风、校风,学生的综合素质、教师的综合素质等方面则须全面考评,这些工作的成效不是立竿见影的,需要经过长期、全面的考察,才能进行有效的考评。

最后,形成考评模式。发挥"三全育人""全"的作用,就要将育人考评工作融到学校教学、管理、服务等各项工作中,就要将育人考评工作贯穿到教职工选聘晋升、职称评审、工作考勤、评优表彰等其他方面工作中,以及贯穿到学生评奖评优、入团入党、学生干部评选等方面工作中。按照全员、全过程、全方位的要求,面向全校师生,采用线上和线下问卷调查法、访谈和随机听课等多种方法相结合的方式,本着公开、公正、透明的原则进行考评,并公布考评结果。要充分利用考评结果来加强、完善和改进育人工作的方方面面,对于遵循立德树人内涵要求、师德师风建设要求,遵守职业道德、履行岗位职责的教职工给予工资待遇方面的物质奖励或精神奖励;反之则实行退出机制,教职工不再担任现有职务,对于党员教职工则根据党内法规进行相应的纪律的处分。

3. 完善各项保障制度

各级各类学校要始终贯彻立德树人的内涵要求,为长久地做好"三全育人"工作,就需要各项保障制度以推动育人工作深远持久地进行,强化学校全体教职工的育人意识,牢记育人职责。

第一,要有政策保障。保证育人工作在基础教育到高等教育的衔接性和持续性,就需要在教师培养、培训,各层级教师流动、人才培养、信息资源共享流通,教学科研指导等方面,既要有省级层面的统一政策支持,也要有学校特色的政策支持。

第二,要有软硬件保障。要使学校师生在育人工作中受到潜移默化的影响,就要有目的、合理地设置校园基础设施、标志物、建筑物等使其充分发挥育人功能;利用社会资源为师生搭建设备齐全的科研、竞赛、文体等实践活动场所,联通多样技术支撑的平台;充分利用已有设施、场所,打造含有育人功能的环境,以此来优化师生的精神世界、陶冶志趣情操，促进师生共同发展，积极主动维护育人环境，发挥育人作用。

第三，要有经费保障。学校开展育人工作，需要经费支持。省级层面的经费支持可由学校进行申请，依照相关规章制度进行拨付，或者鼓励学校自主利用社会资源获取经费支持。学校要针对党建、思想政治工作、课程思政、思政课程等含有育人内容和功能的教学科研工作，设立专项经费。依据育人项目和教学科研申报级别、工作量、工作成果，设立不同额度的专项经费，以此来鼓励深化育人研究工作，进而为提升育人工作成效提供有效的资金保障。

第二节 "三全育人"理念下高校课程思政建设

一、课程思政概述

（一）课程思政的内涵

结合课程思政的政策来源依据与政策社会需求、时代背景，我们应运用马克思主义理论和方法，紧扣高校立德树人的根本任务，紧密结合立德树人思想所包含的政治方向与社会主义事业接班人的培养目标，在确立这一根本性的、方向性的重要前提后，再来得出课程思政在新时期的特定、本质内涵。结合上述政策文本及政策社会背景分析所得出的结论，这里将课程思政的内涵定义为：课程思政就是高校为了落实立德树人的根本任务，以实现培养社会主义建设者和接班人的根本目标，在对学生传授学科专业知识的同时，广泛开展以拥护中国共产党的领导为核心的政治认同教育，为学生建构一个与思想政治理论课同向同行的课程环境。

（二）课程思政内涵界定的意义

1. 明确了"思政"的内容和目标价值

实施课程思政的过程中，不是不可以在课堂教学中继续开展一般道德层面的德育教育，而是要重点强调当前高等教育立德树人根本任务所体现的坚决拥护党的领导、培养社会主义事业接班人的政治目标，把这一关系"为谁培养人"的根本命题作为课程思政培养时代新人的主要价值追求，这与"课程德育"理念有着本质上的区别。高等教育立德树人之"德"主要围绕大学生的政治方向培养，而德育指的是一般意义上的个人道德、职业道德、社会公德等。德育教育对全体社会成员均有教育意义，也就是公德和私德是针对全体国民的共同倡导和一般道德要求。而课程思政所体现的立德树人为"大德"，是建立在公德和私德基础上的，是无论是职业院校的应用型人才还是普通本科院校的专业人才，无论是专科生、本科生还是研究生，都必须具备的政治方向、政治品德，这就是课程思政"思政"的本质内容和价值意义。

2. 对高校教师的思想政治水平提出了新要求

在高等教育的现实环境中，师德师风一般就是指教师的职业道德、个人品德，也就是传统意义上的师德只强调公德和私德，特别是一些高校、一些行业应用性较强的专业，一部分教师直接来源于社会从业者，比如医学类、艺术类等专业；还有很多高校的教师都有出国学习、从业的经历，但存在缺少教学经验、教师执业培训不到位、对教师职责理解不到位等问题，导致了在课程教学实施过程中，部分教师认为只要不产生教学事故，把专业知识讲解清楚，课堂内外都注意教师形象，守住师德底线，这些就是课程思政教学的落实。也就是认为，不违法、不违规、不违背基本道德就是良好的师德师风；也有些高校的教学管理者认为，教师只要把课上好，就是在落实课程思政。而通过对课程思政内涵的科学界定，即强调课程教学中应贯穿的政治认同教育功能，我们就必须始终坚持教师"教书与育人"双重职能的有机结合，也就是不仅仅是要求广大教师要把课上好、把书教好，更要体现知识传授与知识运用方向的统一。教师要在履行和维护师德师风的前提下，通过政治理论学习和课程思政实施培训，做到对党的领导、政治道路与政治体制真学、真懂、真信，从而身体力行、潜移默化地影响学生，实现课程思政的"思政"隐性教育，真正做到"润物无声"。这一过程同时也是高校教师通过不断学习和教学运用，实现自身政治素养和育人能力提升的动态发展过程。

二、高校课程思政建设路径

（一）校党委重视，做好顶层设计

高校"课程思政"教育理念是国家对教育的要求，需要学校干部的落实。校党委的职责之一是宣传和执行党的路线，"课程思政"作为国家提倡的教育理念，代表党中央的意见，因此"课程思政"需要通过校党委的带动促使其在高校的落实与推动。

（二）多方联动，推进三全育人

如果说党建引领侧重于纵向引导，那么多方联动则更多体现为横向拓展。首先，多方联动发挥了党员教师的先锋模范作用，使他们在系部层面的业务学习和集体研讨时，影响并带动非党员教师提升自身的思政素养。党支部定期组织全系部进行理论学习，有计划、有层次地把《高等学校课程思政建设指导纲要》和《关于进一步推进"三全育人"综合改革实施方案》所要求的课程思政建设的目标要求与内容重点传达给全体教师。理论学习注重学习效果，以确保思政工作要点的普及从党建层面向非党员教师辐射。其次，在全方位育人层面，多方联动强调教育者的言行在德育育人中的重要作用，这主要反映在行动育人方面。高校应引导教师树立"身正为范"的师德模范意识，使他们在与学生的日常交往、第二课堂、第三课堂等环节发挥道德素养的影响作用，以引导学生树立正确的价值观与道德观。最后，多方联动注重科研育人的辐射作用。高校应激励教师在教学与科研方面齐头并进，以此向学生实施无声的职业道德教育。在一定意义上，教师科研水平的高低和成果的多寡对学生的影响是深层次的。高校要鼓励教师积极投入科研和教研，力求以优异的研究成果感染学生。教师要在其位谋其政，这样对其他教师也能形成示范效应。

(三) 发挥教师育人的主体作用

1. 坚定教师的育人信念

发挥教师的主体作用，要坚定教师的育人信念，使教师正确理解育人工作，真正做到教书育人。坚定育人信念，就是要使教师从思想观念和价值观念上认同三全育人工作，让教师理解担负起育人工作，并不是给他们增加额外的负担，相反，开展育人工作还会对其教育教学研究起到积极作用。深度挖掘本门专业课程中所蕴含的思想政治教育元素，一方面，可以加深专业课教师对于本专业课程的研究和理解；另一方面，也为专业课教师的研究拓展了一个新的领域，使课程研究更具有全面性。教书育人是教师的责任，也是教师这份职业最崇高、最伟大之处，教书同育人是一个整体，二者不可分离。教师教学要做到教书育人，而不是将二者互相分离。只教书不育人，教师的工作只是完成了一部分，只有做到在课堂上既传授知识，又能够将育人工作渗透到课堂之中，让学生在潜移默化中接受育人教育，教师的工作才能够称得上是圆满、称职地完成。课堂是实现"三全育人"的重要阵地，教师是完成育人工作的关键所在。教师首先要有坚定的育人信念，拥有自觉的育人意识，育人工作才能够顺利进行，"三全育人"才能够取得预期效果。

2. 提高教师的政治素质和理论水平

教师只有拥有较高的思想政治素质和理论水平，才能够担负起灵魂的工程师和文明的传承者的责任。发挥好教师主体作用，就要做到切实提高教师的政治素质和理论水平。只有教师具有较高的政治意识和政治素养，才能培育出具有良好的政治素质和政治意识的社会主义事业接班人。强调理论与实践相结合，打破了传统思想政治教育模式中教育方式单一的局限，实现了育人方式的创新。同时，三全育人强调建立管理育人、教书育人和服务育人的全方位格局，打破了传统思想政治教育模式课堂空间的局限，将思想政治教育空间由课堂这一个点拓展到覆盖了整个高校的面，实现了育人空间的创新。

（四）打通专业壁垒，实现协同育人

思政课教师与专业课教师间要打通学科壁垒，专业课教师在思政课教师的带领下要积极主动地承担起育人责任，共同挖掘不同专业课程中蕴含的学术成果、学科资源，并努力将其转化为育人资源，实现专业课程与思政课程的同频共振，从而形成协同效应。思政课教师与专业课教师通过集体备课、教学研讨等形式不断丰富课程内容，构建课程体系。例如，武汉大学开展马克思主义理论学科与其他学科的教学协同，形成马克思主义理论学科协同创新体系。其中开设的"测绘学概论"是一门具有代表性的专业课程，在课堂上，由多名测绘学界的教授和两院院士组成教师团队，每周一堂课，每位专家一个专题，教授在生动讲授测绘方面的专业知识中穿插爱国教育，在测绘知识中承载着价值观教育，打破专业壁垒，形成协同效应，使爱国教育在学生中内化于心。上海高校的"中国系列"选修课程正是立足于中国实践、立足于讲好中国故事、立足于帮助学生坚定树立"四个自信"、立足于引导学生学习"四个正确认识"，回答大学生普遍关注的社会热点问题，将各学科中蕴含的学术资源转化为育人资源进行的课堂教学，既提升了学生的综合素质和理性思维能力，也提高了学生的思想觉悟，从而提高了高校的思想政治教育水平。长沙理工大学积极推进和落实专业课"课程思政"理念，在立德树人的过程中，使各门专业课程同频共振。学校党委书记、党委副书记、副校长、各专业课教师、思政课教师组成教师团队，纷纷进入课堂，每位教师负责几个课题，在向学生传授知识的同时根植理想信念教育。例如，在讲到车路协同技术时向学生传递正确的消费观、交通安全意识和环保意识，激励学生刻苦学习、脚踏实地，为实现中华民族伟大复兴的中国梦而努力拼搏。

打通专业壁垒，就是实现"课堂思政"和"思政课堂"同向并行，这也是为了实现全程育人、全员育人、全方位育人而存在的，并不仅仅是为了实现在课堂中进行思想政治的教学，因此要构建育人共同体，主要的方法是把专业课、思政课的教师组织在一起，创建一个能够互助互补、将优势最大化的育人共同体。育人共同体中的每个部分都要承担各自的职能，从而实现育人的目标。例如，专业课教师主要是实现思想政治教育的渗入，思政课教师主要是对学生的世界观、人生观和价值观进行指引，辅导员主要是负责对学生定

期进行相应的心理辅导和成长成才的关怀，相关部门主要是为确保以"思政课程"为核心的同向同行运行机制可以顺利地运行，帮助打造思想政治教育共同体。

第一，专业课程教师要和思想政治理论课教师达成一致，形成合作关系。不管是专业"课程思政"，还是思想政治理论课都属于大学生思想政治教育中不可或缺的组成部分，这两者之间本来就是互相合作和互相补充的关系。两者之间的合作一方面能够推动专业"课程思政"的发展；另一方面，还能够促进思想政治理论机制的重新创立和创新。而且，这两者的合作还能够促进学校教学材料的研发、专业性"课程思政"专项材料的研发、思想政治教育实际工作平台系统的研发等。

第二，要按照教学工作状况，形成互相联动以及合作关系。思想政治理论课程以及专业课教师都开始以教学方案规划、教学行动实践措施等为基础开展合作，一方面，能够推动专业"课程思政"教学的深层次发展；另一方面，还能增加思想政治教育形态体系的具体内容。在教学结束后进行的合作、反省和思考，有利于两者完善后期的教学计划，改善课程机制和具体内容。

第三，根据教师的专业学识素养，形成互动合作的状态。两者之间所形成的互动合作形态，在思想政治理论教师看来，可以加强科学文化内涵、拓宽知识范畴、优化知识逻辑，有利于教学计划的进行。在专业课程中融入思想政治教育，显而易见地可以加强知识以及经验方面的思想政治理论课教师的道德水准。从专业课程教师的角度来看，伙伴性质的合作方式一方面可以加强他们的思想道德政治水准；另一方面还可以完善他们的教学规划机制，改善教学水准、形态。

第四，优化专业课教材内容设计。专业课教材是专业课课程中的重要部分，在专业课"课程思政"之下，专业课教材也必须充分发挥其思想政治教育的作用。而要做到这一点，就必须把握和利用专业课教材所具有的并能够起到思想政治教育作用的特点。①专业课教材的严谨性。专业课因其专业性强的特点要求在学习和研究中必须严谨，而专业课教材作为高校学生进行专业课学习的一块敲门砖，其内容的编排就必然要将严谨性放在突出位置，比如自然科学类专业课教材中的研究数据、社会科学类专业课教材中的文字描述等，都需要秉承严谨精神方能保证教材的权威性。而这也会在一定程度上让学生感受到严谨在专业学习和研究中的重要性，从而强化学生在专业课学习和研究中的严谨意识。②专业课教材的可读性。许多专业课教材注重对专业理论知识的阐述，而忽略了将专业知识与学生普遍关心的问题相结合，使其趣味性不够、可读性不强。而要增强专业课教材的可读性，一方面，要将专业内容与生活实际相结合。比如，自然科学类专业课教材可以在阐释专业理论知识的同时结合现实中的现象进行分析，让学生更真切地理解专业理论知识；社会科学类专业课教材可以结合一些社会热点话题，从而从专业角度引发学生的思考。另一方面，要将专业精神、职业道德等元素融入专业课教材之中。比如介绍，专业领域的名人专家的生平经历，重点突出其精神品质，让学生在学习专业知识的同时也能够寻找到自己的榜样。③专业课教材的进步性。当今世界在不断发展之中，专业课程所涉及的专业领域研究也在不断深入，并步入一个又一个新的台阶。专业课教材作为高校学生了解专业领域的一个重要窗口，其涉及的专业内容也必须紧跟时代、与时俱进、不断更新。这就要求专业课教材在阐释专业领域知识技能相关内容的同时，将现阶段专业领域研究的前沿成果和方向展现给学生，让学生能够充分了解当前专业领域的发展情况以及未来的前进方向，从而让学生能够在学习专业知识技能的同时找到自身的兴趣点和突破点，培养学生的开拓创新意识。

（五）科学全面的保障体系和支撑机制

科学全面的保障体系和支撑机制是建立"课程思政"工作长效机制不可缺少的环节。

第一，高校要完善教学体系，即修订培养方案，构建科学合理的"课程思政"教学体系，完善课程体系设计，做好教材规划，形成循序渐进的育人结构。知识的传授要适应国家建设的需要，思政教育要适时，要通过立德来实现全面树人。

第二，高校的管理体系要体现出对政治思想和价值引领的监督。在教学督导查课、领导干部听课、"好课堂"评选等常规工作中，高校应融入课程思政考查项目，并在教学大纲中明确思政要点和对应章节；教师在日常教学中应有机融入思政元素。

第三，高校要及时提供智力支持，互学互鉴共享，拓宽教师的思政教学视野。

第四，教师要提升思政教学技能。高校应安排观摩课，并利用示范课的引领功能，把思政教学做到精细入微。

第五，高校要发挥典型示范作用。高校应鼓励、带动全体教工对标争先，做思政教学的典范。此外，高校可以设立奖励来表彰思政工作方面表现突出的教师。

第三节　"三全育人"理念下高校思政教育活动

一、打造具有学校自身特色的品牌校园活动

结合中华优秀传统文化与校园品牌文化活动的德育功能，着力将优秀传统文化的时代

价值深度融入大学生校园文化，打造具有学校特色和地缘优势的品牌校园文化活动，增强大学生对优秀传统文化的归属感和自主性，对推进大学生思想政治教育工作具有渗透作用。

传承经典，建立常态化活动机制。校园文化活动是大学生自我教育、自我管理、自我服务的主要渠道之一，具备一定的号召力和感染力，传承优秀传统文化经典，建立常态化的活动机制有利于大学生良好人文素养的养成。因此，高校应切实提升优秀传统文化在思政教育过程中的比重，积极开展"读原著·读经典"、传统文化主题教育践习、传统文化读本、非物质文化遗产进校园等品牌化活动。除此之外，更要积极引导大学生广泛参加"互联网+创业大赛""挑战杯"等科研类竞赛，鼓励文科学院学生围绕传统文化的延伸和发展申请立项，创造广泛持久、良好深入的学术氛围，实现中华优秀传统文化理论性和实践性的统一。同时，高校还应做好后续跟踪工作，做好大学生思想方面的动态化管理，保证传统文化素养内化为大学生的身体力行。融合文体，健全理想信念养成机制。优秀传统文化与文体活动的融合有利于大学生养成正确的理想信念，在这一过程中也可凝聚成高校独一无二的核心价值理念。一方面，应聚焦大学生兴趣爱好的关键点，积极开展文艺活动，社团嘉年华，羽毛球和篮球比赛等，全面多元地营造出和谐温馨的育人环境。另一方面，应紧密联系办学特色和现实发展，通过校训精神引领大学生树立拥护党和国家、慎独省察、求实创新、勇于担当等理想信念。

二、以实践教学发挥红色文化资源价值

（一）打造红色文化资源实践教育基地

高校积极打造红色文化资源实践教育基地，理由如下：第一，实践教育基地是实践教学的基本保障之一。建立红色文化资源的实践教育基地，能够拓宽教学题材、丰富育人内容、延展教学形式。第二，通过组织大学生前往实践教育基地重温红色历史、学习红色知识、领略红色精神、筑起红色信仰，既能够让红色文化资源成为实实在在可以"触摸"的对象，增强红色文化资源的现实感，又能够让大学生深刻认识到中华人民共和国的来之不易，以及实现"两个一百年"之道路远长。

高校推进红色文化资源实践教育基地建设要做到以下三方面：

第一，加强思想上的引导。一是要加强对高校决策层的思想引导。高校决策层要及时领会和把握国家领导人对红色文化资源的相关论述，认真理解国家对红色文化资源开发利用的相关政策；重视红色文化资源实践基地建设，鼓励相关职能部门和教学单位加强与红

色实践教育基地联系、合作，为实践教育的开展规划预留专项资金，及时出台相关的保障性规章制度，做好红色实践教育基地建设的总体布局。二是要加强对育人主体的思想引导。离开育人主体去谈论红色实践基地建设是毫无意义的。要及时引导育人主体转变教学思维，积极接纳和领会实践育人的优点，做到多种育人方式相结合；引导育人主体增强自身的红色文化资源底蕴，为红色实践教育的开展规划详细流程，避免出现实践教学形式高于内容的怪象。

第二，加强运用红色革命遗址、名人故居、红色博物馆、纪念馆等红色圣地作为实践教育基地。其一，要尽量选取距离较近的红色圣地。这样既可以为校方节省一定的开支，也更易于保障育人主客体的生命安全。当然，有条件的高校也可以酌情考虑"适当远行"。其二，签订合作协议。地方红色文化资源一般统属于政府的文旅部门管理，所以高校与政府部门必然存在协商谈判的过程。在此过程中，既要讲清楚合作的意图，也要考虑合作会给地方政府部门带来的附加工作量，以及在开展实践教育过程中可能产生的不当行为或后果的消解等问题。派学校领导和育人主体前往意向合作的红色实践基地进行参观考察，推动合作协议的签订。

第三，与红色文化资源浓厚的地区共同开发和建立实践教学基地。红色文化资源浓厚的地区有些也是经济较为贫困且有待深度开发的区域。高校与红色老区共建实践教学基地，可以在开发和利用红色文化资源作为教学基地的同时为老区人民送上物力与人力的支持，如帮助红色老区规划产业布局、培训和输送管理人员等。共建红色实践教育基地创新了红色文化资源育人的社会参与机制，做到了高校与社会之间的良性互动、互利共赢。

（二）组织红色主题鲜明的实践活动

充分地接触并体验红色文化资源，需要建立在完善的实践活动基础之上。高校的思政教育课堂需要与社会实践活动有机结合，拉近学生与红色文化资源之间的距离。与此同时，高校还需要针对思政教育课堂模式做出合理的调整，通过降低理论课堂的时间占比，将思政教育实践活动纳入整体的教学目标当中，扩大社会实践课程的时间与空间。另外，在安排社会实践活动的过程中，需要加强与特殊时间节点以及节日之间的相互配合，并借助节日氛围，扩大红色文化资源的影响力度，充分彰显红色文化资源的价值，给学生带来更加深刻的影响，培养学生艰苦拼搏的精神。

总之，高校教育实践活动育人作为"三全育人"的一个重要载体，能够锻炼、提升人的技能，挖掘人的潜能，不断促进受教育者全面发展。高校实践育人的渠道主要为课堂实践教学和课外实践活动，但课内实践教学的局限性较大，所以高校的课内实践教学的形式、方法和内容应该更丰富多彩，比如通过组织课堂演讲、案例分析会、辩论会、小品表演、电影观后感、模拟法庭等实践教学形式，激发学生的学习兴趣，提高课堂实践育人的成效。除了必要的课内实践教学，还要多组织课外的实践育人活动，特别是课余和假期空闲阶段，思想政治教育工作要主要以社会实践活动为主，鼓励学生参与重大项目的建设、社会调研活动，鼓励并帮助学生创业等。高校的社会实践活动要以学生自我管理、自我服务为主，鼓励学生参与志愿服务，青年志愿服务有利于学生在此过程中不断完善自我，在实践中学习和感受社会主义核心价值观，特别是在疫情防控期间，众多高校的学子敢于担当和奉献，在保证自身安全的情况下，积极参与疫情防控志愿服务工作，彰显了青年一代的奉献与担当，传播了正能量。

第四章 "三全育人"视域下高校思政教学改革的实践路径

第一节 高校思政教学模式改革

一、家校社协同育人模式

高校"三全育人"建设能够将学校、家庭和社会涵盖其中，协调整合三者的关系，将三者统一于"三全育人"模式之中。协调发挥三者的作用，目标一致，相互配合。以学校教育为主导，家庭和社会配合学校工作。

就其目标而言，学校是育人的主阵地，是培育社会发展所需人才的主要场所，学校一切工作的最终目的都是培育社会发展所需要的人才，为社会发展所服务；家庭是社会的基本构成要素，家庭教育的目的是期望培育出符合社会发展要求，能够适应社会发展趋势的人才，家长所期望的望子成龙、望女成凤，都是希望子女将来能够适应社会发展潮流，成为对社会有用的人才。归根结底，家庭教育的最终目的也是期望培育出符合社会发展要求的人，家庭教育也是为社会发展服务的；社会教育，本身就是社会为了培育出符合自身发展需要而进行的教育，社会教育本身就是为社会发展服务的。综上所述，不论学校教育、家庭教育还是社会教育，其最终目的都是为社会发展服务的，在目标上具有一致性。高校"三全育人"建设，在学校、家庭和社会这种教育目标一致性的基础上，更好地将学校、家庭和社会统一起来，使三者教育作用的发挥具有系统性、层次性和针对性。在"三全育人"理念的指导之下，更好地发挥自身的教育实践作用，更好地实现教育效果，达到为社会发展服务、促进社会发展的最终目标。

就其相互配合而言，高校"三全育人"建设能够将三者资源有效整合，加以利用。学校在利用自身所包含的课程资源、校园文化资源等为育人载体的同时，还积极利用社会中的博物馆、文化基地等社会实践资源为育人载体，将理论与实践结合起来。同时，学校教育对于家庭的优良家风的形成、良好家庭教育的实施起着重要的指导作用。此外,学校在对于学生实施教育的同时,也对家长进行教育,促进家长转变教育观念,注重家庭教育,形成良好的思想行为,在家庭中以身作则,形成优良家风。

发挥班主任、辅导员的积极引导作用,就要求班主任、辅导员要经常与学生进行沟通,了解和关心学生的日常生活,关注学生的日常思想行为,以适合学生性格的方式对学生进行积极引导。

班主任、辅导员是与学生接触最多的人,负责学生的日常学习生活等各种事务,可以说是与学生交流最多的人,是最亲密的师长。因此,班主任、辅导员可以以与学生日常建立的深厚感情为基础,积极发挥引导学生思想观念的作用。在日常生活中,多与学生交流,关心学生生活,了解学生的思想状况。经常与学生谈心谈话,通过对学生日常的生活关怀来逐步渗透正确的价值理念,引导学生自觉抵制社会上的不良诱惑;同时,谈话形式选择也要注意,应采用适应当前学生性格的、温和的软形式与学生进行交流。要注重消除学生的紧张感,在温和平静的话语中指出学生个性所存在的问题,既要尊重学生的个性,也要尽量转变学生存在的错误观念,让学生自觉接受,逐步培育学生自我学习、自我管理和自我监督的意识,自觉约束自身,主动配合学校的思想政治教育工作。

二、基于微信平台的高校思政课教学模式的优化建议

(一) 打造原创内容

自新媒体微信平台被广泛使用以来,人们在享受微信平台带来的无限内容、无限知识、无限乐趣的同时,也在不断谴责网上内容的肤浅、雷同和抄袭。从原创内容的本身内涵出发,是作者自己首创完成的作品、成果,不含抄袭、不含模仿,它的内容和形式具有独特的特点。原创来源于作者的内心,是灵感的激发。原创内容不仅仅局限于文字作品,视频、声音、图片、表情包等都可以作为原创内容的素材。同时,在原来素材的基础上,通过自己的剪辑、加工、重组形成的新的内容,也是一种原创。

高校思政课教学内容受其课程性质的影响,在微信平台上推送都是有关马克思主义理论教育相关的内容、政治经济方面的内容,这些内容由于性质的限制,在内容编写上可发挥的余地不多,致使高校学生对这些内容兴趣度不高。那么为了提高微信平台上思政课教学内容的吸引力,就要避免去模仿、抄袭、照搬其他微信公众号平台上的内容,避免出现相似和重复的内容,同时还要打造原创的有创新力和吸引力的思政课教育教学内容。

为了使微信平台上呈现更具吸引力的内容,微信公众平台的创作者可以尝试收集志愿

者、学生平常收集的新颖素材，进行专业化的加工提炼，编写属于自己的文章推送在平台上，也可以在平台上推送学生原创的音乐、拍摄的视频、图片，抑或学生自制的漫画等，这样不仅可以提高微信平台内容的原创性，而且可以提升推送形式的多样化。

原创内容具有鲜明的特点、新奇的内容，很容易博人眼球，也有助于平台关注量的提升，能吸引更多的粉丝，进而逐步扩大微信公众平台的影响力。

（二）拓宽思政课堂的交流方式

新媒体的交流功能是最基本和最常用的功能之一，它利用网络和手机将信息进行交换互动，增加了信息的传播速度和效果，有利于信息交流者及时进行交流，其中以微信的社交功能最为代表。

一是微信群拉近群关系。思政课教师可以通过微信及时知晓学生的反馈信息，可以随时与学生畅谈，延长思想政治教育课堂的长度，以微信头像的方式与学生沟通，一改严肃的形象，亲近学生的同时拉近了师生距离。同时，教师可以在微信群内进行打卡、签到、定位设置，以新颖的方式调查学生的上课情况，避免因为点名而使学生产生厌烦情绪。

二是可以随时进行在线学习互动。运用微信平台，教师可以与学生进行思政内容的探讨，拓宽了思政课的时间和地点，有效地加强了思政课的辐射范围。高校思政课运用以微信为代表的新媒体，搭乘交流的顺风车，可以让教师主动融入学生中间，了解学生关注的热点话题和时事政治，分享思政课内容，交流思政课的心得，传述思政课的体会，同时加深师生间的友谊，使思政课教学越来越受欢迎。许多学生在思想、意识方面遇到困惑时往往沟通无门，但思政课教师就在微信之中，可以及时为学生答疑解惑，帮助学生，避免他们误入歧途。运用微信平台可以有效地进行思政课线上的延伸教学，不断提升思政课的生命力和活力，也方便思政课教师以学生最愿意接受的方式进行思政课教学。

三是即时解决学生的思想问题。由于微信平台具有及时性的特点，思想政治教育者在实际教学中可能会不定时地接收到学生的咨询，因此思政课教师必须积极地解决问题。新媒体时代，信息生活瞬息万变，不及时或者对学生的问题拖延解决，很可能导致学生在某一类问题上产生根本性理解错误或者造成选择上的偏颇，只有坚持及时性原则，把握解决问题的时效和时机，才能从根本上解决大学生的问题。利用微信平台，大学生在苦恼和不顺心时，可以通过微信与思政课教师交流沟通，思政课教师可以借此机会进行思想教育，通过感情的沟通、心理的理解和情感的共鸣，在关键时刻为大学生解决问题，可以获得事半功倍的效果，思想政治教育也能更好地发挥作用。

由此可见，微信平台不仅丰富了思政课教学，也使得思政课教师可以更好地与学生进行沟通，在交流中与学生成为朋友，把握学生的思想动态，及时交流，如友人般地沟通，及时解决疑难，将思政教育在实际中更好地加以实施。

三、自媒体视域下的高校思政教学模式

（一）自媒体的概念

自媒体以其简单快捷的通信方式、"低门槛"的上手难度以及多元化的内容传播形式，在短时间获得了前所未有的受众青睐，深深融入人们的生活。丹·吉尔默在《圣何塞水星报》中第一次阐述了自媒体的相关概念，即一种通用术语，指用现代化、电子方式向不确定的多数人或特定的人传送标准化和非标准化信息的私人、民用、一般和自主的媒介载体形式。简单地说，自媒体是一种全新的表达内心、发表意愿的渠道和形式。以微博、抖音、美拍、微信等媒介进行动态分享和沟通，取代了传统的信笺或短消息等。

自媒体与传统媒体的明显区别在于它的自主化。任何人都有机会平等地在平台上发声，阐述自己的观点，分享自己的动态，记录自己的生活。信息以点对点的形式迅速铺开，所有用户都可以参与到自媒体平台的建设中来。而也正因其过度的自主性，加以网络虚拟环境的隐秘性，为信息监管增加了难度，致使网络舆论环境面临新的挑战。

（二）自媒体视域下大学生思政教育的特点

首先，在自媒体平台视域下的师生关系变得更加公平。在以往的思想政治教育过程中，教育主体掌控着绝对话语权，长此以往由上至下的灌输式教育无形中会加深高校学生的逆反心理和抵触情绪，降低思想政治教育的效果。而新兴的自媒体载体可以在教师和学生之间建立起平等沟通的桥梁。借用微信、微博、QQ等软件，通过文字交流给彼此留有思考话语的空间，可减轻严肃沟通环境的压力，缓和紧张枯燥的教学气氛，从而使师生之间的交流可以更轻松愉快地进行，在不知不觉中，传递出思想政治教育的核心内容。

其次，自媒体载体的开放功能可使教育内容和形式更加丰富和具体。多平台个性化的信息发布有效地规避了以往教学中存在的局限性，教育主体可以为学生提供更广泛前沿的一手资讯，并根据学生的个性爱好，合理安排授课内容以及相关引例和材料，这对提高学生对思想政治教育课的关注黏度有着深远意义。

最后，高校学生在使用自媒体介质进行学习的过程中，可以化被动为主动，极大地增强了学生学习过程的活跃度。这种随时随地方便而又具有针对性的学习方式，可以帮助学生养成良好的学习习惯和问题意识。

（三）自媒体视域下大学生思政教育应对策略

高校应从物质、精神两方面构建文化熏陶体系。在醒目之处用巧妙的语言形式倡导正确的世界观、人生观、价值观。构建电子图书馆平台，方便学生借阅，并在学校公众号多频次发送具有正确价值导向的资讯、热点事件、文案等。与此同时，充分了解年轻人的兴趣爱好，采取快闪、校园广播等形式，设置巧妙的剧本、组织集体活动，将优秀传统文化以新形式融入学生的日常生活中，吸引更多学生参与到文化提升的活动中来。有些学校在此方面做得尤为突出，例如，多次举行大学生讲思政课比赛、组织学生开展"党史故事100讲"系列活动，弘扬红色经典文化，并以马克思主义学院牵头，力争保证"青年大学习""e支部""学习强国"等课程的学习质量。针对当今自媒体主流形势设置网络道德、法制宣传讲座，并将传统的大课分解为短视频形式的小课，将主要授课内容寓于微电影、访谈、短视频中，采用影像、实例相结合的形式，增强学生的学习黏度。建立学习打卡积分制度，软硬兼施、刚柔并济，鞭策学生要时刻筑起心灵的堤坝。

不管是在生活还是在学习中，高校大学生都应当严格遵守法律并且约束自己做一个有道德素养的人，在自媒体平台下同样需要具备这种道德素质，就算是在虚拟社会中大学生也应当严格要求自己，让虚拟的网络环境也变得有秩序。现在许多自媒体平台都逐渐推出了身份验证的要求，所以大学生在自媒体平台的交流和操作都会受到一定的要求与约束。大学生需要合理地去处理自媒体平台的一些问题，让自己成为现实社会以及虚拟社会的主人，在此过程中，学生会学习到自我管理的能力、学习的能力以及约束能力等。对于高校而言，需要给学生适当的思政专业知识上的帮助，对自媒体的使用应当建立严格的使用规范，这样学生可以更加深刻地了解到自媒体的使用方法，进而更好地使用自媒体。同时，也应当让大学生了解自媒体如果不正确使用的后果，培养学生对自媒体利弊的辨别能力，这样大学生才能通过自媒体在网络虚拟世界中得到最好的锻炼。

如今自媒体已经进入高校的教学中，作为高校的思政教学教师需要将这一理念加以重视，教师不能单纯地因为自媒体可能导致的不良后果而一味地否定自媒体教学。高校思政教师需要从客观理性的角度去分析自媒体环境，要看到它有利的一面，并且主动地研究自媒体，让自己的专业知识得到更好的拓展，吸收好的一面，摒弃坏的一面。思政教师在教学时需要对大学生的心理等进行大概的研究，结合大学生的特征和喜好来进行教学，在教学时充分地有选择地运用自媒体进行辅助教学，这样才能提高思政课的教学效率。

高校以及思政教师需要让大学生对自媒体有关的法律以及道德规范有所了解，其中会涉及大量的法律法规，包括公民应当严格遵守的宪法等，对于自媒体的诞生以及法律的保护需要国家高度重视,为此国家也颁布了许多法律条例,并且还在进一步完善中,鉴于此,高校也应当对自媒体的法律规范有严格的要求和管理体系,不管是在教学中还是管理中都应当有具体的标准,这样也就尽可能地避免了自媒体所带来的不良的信息内容,让大学生能够在一个完整并且健康的氛围下学习思政课程。

除此之外,高校还需要对大学生进行必要的道德规范要求,让大学生对自媒体有正确的认识,做到正确健康上网,这也是每个公民需要遵守的,希望在大家的努力下互联网能朝着健康绿色的方向发展,并且能够越做越好。高校大学生作为国家未来的栋梁更应该担此重任,做到文明上网,保持自媒体平台的健康。所以,高校需要让大学生认识到文明上网的重要性,给大学生灌输健康使用网络的意识,使大学生充分认可,这样一来大学生通过对自媒体的使用也能得到锻炼,在社交能力上也能有所提高。高校还需要让大学生知道自己是自媒体道德传播的主力军,并且也是有义务进行道德传播的。

从传播的渠道来看,自媒体的传播可以有效地拉近教育工作者和大学生的距离,因为在虚拟环境中,双方身份平等、地位平等,交往的过程中隐蔽性也比较强,缩短了交流双方的心理距离,使学生在和教师交流的过程中没有太多的心理戒备。一方面,思想教育者也没有太大的心理负担,可以采用多种形式的多媒体方式把声音和视频、图形等结合起来,丰富高校思想教育的教学形式,充分激发学生的学习热情;另一方面,可以充分发挥自媒体的传播优势,把学生的生活、学习融为一体,通过调整教学手段和教学方式,增加政治思想教学的互动,解决大学生在生活和学习中遇到的问题,把自媒体当作高校网络教育的一块阵地。

第二节 高校思政工作方式改革

高校思政工作方式改革有许多,本节主要以全媒体时代下的高校思政工作方式创新为主来介绍。

一、全媒体时代概述

(一) 全媒体的概念

学术界并没有给"全媒体"下一个明确的概念。但专家都普遍认同,全媒体是在传统媒体与新媒体日益融合的基础上而言的,是由报纸、书信、广播、互联网、图文电视、手机短信等不断融合发展而来的，是由数字技术、光纤电缆通信、大型电脑数据库通信系统等为用户提供和传播信息的媒体形态。全媒体是比媒体融合更为新颖的一种说法，信息技术的迅猛发展使得媒体的环境变化也非常快，我们现在所使用的抖音、微信等都是所谓的信息技术上的媒体形态。而且，它还会随着科学技术不断向前发展并走在前沿，由此可以看出，全媒体时代的到来对人们生活的方方面面都有着很大影响，给人们的生活提供了很多便捷，为个体之间提供了更好的沟通交流渠道。

基于此，我们认为全媒体的概念可以概括为：全媒体是指在整合运用传统媒体与新媒体的"扬弃"过程中，不同的媒介形态通过传播内容与多种媒介的各种表现手段进行深度融合产生的一种具有零时差、多主体、强互动，并集内容、信息、社交、服务等于一体的无所不及、无人不用的新型传播形态。

（二）全媒体的特征

全媒体作为传统媒体与新媒体深度融合的产物，具有新旧媒体融合产生的共性，以及促使新旧媒体之间构成某种联系的一系列特征。

1. 融合性与渗透性

全媒体时代，互联网信息技术发展迅猛，媒介生存环境更加复杂。在此态势下，各类媒介都积极分析自身的优势与不足，在新形势与新环境中努力探寻新的发展方向，主动运用互联网技术，结合多样化的媒体传播平台，实现自己与其他媒介的深度融合与创新发展。

媒体融合不仅成为全媒体时代发展的流行趋势，也成为新旧媒体改革创新的必由之路。因此，各类媒介的相互渗透、彼此融合成为全媒体最主要的特征，并实现了全媒体在内容、手段、服务方面的全方位、立体式的集成整合，形成一条"信息链"，使人们的信息获取更具有同步性、零时差，提高了受众的参与度，丰富了受众的感官体验。

2. 丰富性与系统性

在全媒体不断传播的过程中，形成了纷繁复杂、各式各样的海量化的信息，为人们提供了丰富多彩的内容，人们可通过不同的信息源选择自己喜欢与需要的内容。全媒体是一个全方位、多层次的传播形态，面对不同的受众，可做出细致化的服务，因此全媒体具有系统性特征。全媒体一定不是所有媒体简单相加的集合，而是通过各种传播渠道与手段的综合运用实现利益最大化。受众可根据自己现有的条件，结合自身的需求与特点，参与媒体传播活动，感受全媒体高效、精准的传播。

3. 强互性与平等性

全媒体在传播与运用的过程中，逐渐超越了传统媒体在传播者与信息接收者之间的单一主动或单一被动的关系。全媒体的传播与运用过程中，信息发布者与信息接收者之间没有明显界限，角色定位比较模糊。信息的发布者可以成为信息的接收者，同时，信息的接收者也可以成为新的信息发布者，他们在发布或接收信息的同时，又可以与其他信息发布者或信息接收者主动交流、及时反馈，呈现出强烈的互动趋势。其中的信息发布者在接收信息的过程中，身份会发生转变，由信息发布者转为信息接收者，我们也称其为传播客体。与此同时，之前的信息接收者转变为信息发布者，即传播主体。由于互联网技术与信息技术的迅猛发展和应用，全媒体才有了实质性的变革，传播形态的互动性功能才不断增强。在这一互动过程中，传播主客体都具有平等性，他们的地位、身份、话语权等都是平等的，能够主动选择自己的身份，发布内容以及选择媒体信息。

4. 多元性与可选择性

全媒体时代，随着媒体传播形态的多样化，所有信息都可以通过各式各样的媒介去传播，比如通过智能手机、互联网或电台、广播等多种媒介传播，相应的人们也可以通过多元化的媒介去获取自己需要或喜欢的内容，这一过程中，人们可以自主选择符合自己或自己较为适应的传播媒介获取媒介内容或发布信息。因此，全媒体的传播与接收方式不仅具有多元性，还具有可选择性。但由于人们自身认知与行为的差异，在选择的过程中容易产生盲目或者错误的选择。这就需要人们提高媒介素养意识，增强自身的媒介素养能力。

5. 娱乐性与虚拟性

随着全媒体技术的发展、传播形态的多元，可供人们休闲娱乐的平台也逐渐多了起来，像在线游戏、网络直播、抖音、快手等各种时下流行的娱乐方式，一方面，促进了人们的交流，满足了人们的精神消费需求与学习需要；另一方面，也开拓了空间与视野，提升了人们接收与发布信息的积极性与主动性。此外，这些平台也具有虚拟性特征，虚拟的个人信息、内容、背景等，容易导致部分受众信息辨别能力出现偏差，分辨不清虚拟与现实；也会出现受众深陷网络、沉迷于游戏，甚至出现网络暴力等现象。

二、全媒体时代下的高校"三全育人"

(一) 全媒体为高校"三全育人"工作提供新思路

1. 全程媒体为高校实现全过程育人提供了条件

全程媒体突破了时空局限，让传播可以随时随地发生，大学生所关注的舆论热点、所疑惑的思想难点均能得到及时、准确的回应和解答，这促进了思想政治教育扩大传播范围和提高传播时效，更好地参与大学生成长成才的全过程。各类融合发展的传播媒体能够对党中央的重大决策部署、重要政治活动等进行同步记录和信息传输，实现去中心化、同进度、齐直播等；能够全过程跟踪、多角度解析党中央所要宣传的思想，吸引处于不同成长时期的大学生的注意力，使大学生有身临其境的代入感；能够通过各种媒介使大学生逐步从被动的受教育者转变为信息生产者和传播者，从而使教育者和受教育者相互影响，在不同教育阶段完成不同的教育目标，实现高校思想政治教育的全过程育人。

2. 全息媒体为高校实现全方位育人提供了条件

全息媒体突破了物理尺度，使信息传播的形式更加丰富多样化。在全媒体时代，高校思想政治教育可以通过文字、图片、音像、视频等多种表达方式深刻地展现其内容。大学生既能全方位地接受融合多媒体传播优势的思想政治教育，又能调动视听感官实现对所学内容的消化和巩固。这既克服了思想政治理论课课堂教学时间有限的局限，又让大学生能够随时随地以任何可能的载体接受教育，实现了高校思想政治教育的全方位育人。

3. 全员媒体为高校实现全员育人提供了条件

全员媒体为高校传统思想政治教育突破了主体尺度。高校思想政治教育通过全媒体手段可以在任何时间、任何地点对任何人发布"一对多"或者"多对多"的教育信息。思想政治教育的主体正在由思想政治理论课教师、辅导员转变为高校所有教职工和社会大众等多个主体。多维度、全覆盖、自发性的全员媒体使多元社会主体参与思想政治教育活动，扩大了高校思想政治教育的参与辐射面，克服了传统媒体时代高校育人主体有限的弊端，实现了高校思想政治教育的全员育人。

4. 全效媒体为保障高校"三全育人"整体效果提供了条件

全效媒体为高校思想政治教育突破了功能尺度。全效媒体能够通过大数据和云端处理，根据受众的个性化需求进行有针对性的信息内容生产与传播，精准地将思想政治教育内容传递给大学生，使大学生及时接收、学习、转化、践行，突破了传统媒体技术层面的功能局限。它还能够运用各种信息传播技术，集成内容、信息、社交、服务等各种功能，将思想政治教育所蕴含的内容融合到各类媒体中，让"三全育人"的各个环节在技术上成为可能，并且最大限度地保障了每一环节的连贯性与有效性，让育人成果得到充分转化与及时反馈，让思想政治教育中的各主体都能自觉承担起相应任务，同心同向、一起发力，共同提升"三全育人"的质量。

（二）全媒体时代高校"三全育人"的工作机制

一是建立协同化高校全媒体"三全育人"的创新机制。全媒体传播环境下，社会高度关注校园热点舆情，如何及时有效地应对高校舆情传播危机，对学生形成正向舆论引导，也是高校"三全育人"的突出难题。这就需要高校整合全校资源，打破思想政治工作在传播过程中所需要的技术手段、呈现形式、理论内容等众多支持学科之间的壁垒，促进高校全媒体"三全育人"所涉及的媒介技术、动画美术、马克思主义理论等学科的深度协作，建立多学科协同化的全媒体传播创新机制，加大高校全媒体的传播力、引导力、影响力、公信力，以有效应对不良信息传播和突发热点舆情。

二是健全多元化高校全媒体"三全育人"的协作机制。政府、高校、学生、第三方专业机构应联合起来建设"三全育人"的系统性工程，形成多元主体协作的"三全育人"模式，促进"三全育人"的整体性、协调性和系统性。高校党委要完善信息公开的渠道与机制，规范信息公开的事项与流程。教育主管部门在"三全育人"中应牢牢掌握高校意识形态话语权，把热点事件的负面影响降到最小。培养成舆论领袖可以学生中的优秀分子来有效引导高校信息传播态势。独立的第三方专业舆情机构可以向高校提供付费的专业服务。思想政治工作研究机构可以与高校开展战略合作，做好关于"三全育人"的调查、分析、研判，由此形成良好的全媒体协作互动关系。

三是构建常态化高校全媒体"三全育人"的监测机制。高校要在加大校园网络软硬件设施投入的基础上，着力提升信息搜索引擎技术和文本挖掘技术，监测校园内影响力较大的各类微信、微博、论坛，每月及时将学生的思想监测情况做成报告，以便了解、掌握学生最新的思想动态，为"三全育人"提供先进的技术支持和科学的决策依据。同时，高校依据数据能尽早发现、尽心疏导、尽快解决潜在的学生思想问题。

四是形成规范化高校全媒体"三全育人"的法律机制。一些大学生在使用网络时会表现出非理性行为，甚至是走上网络犯罪道路。个别大学生出于各种目的，做出制造、传播计算机病毒，非法侵入、攻击或破坏他人信息系统和电脑设施，利用网络发布、传播有恶劣社会影响的谣言，利用网络社交媒体工具实施诈骗等行为。针对这些不法或不良现象，高校的行政手段约束不法行为的强制力是不够的，还应用法律对在高校中传播不法不良信息的行为进行威慑。一方面，应推动信息传播的立法，通过相关的法律制度规范，引导大学生在虚拟空间的行为；另一方面，应加强高校学生的网络伦理建设，提倡学生文明上网，从而强化学生自律。

三、全媒体时代下的高校思政教学策略

（一）夯实以道德与法治为基础的内容

道德与法律虽然是社会规范的两种不同的表达形式，但却是相互融合、相互支撑、相辅相成的关系。高校思想政治教育的道德与法治建设是提升大学生道德素养、增强法律意识的重要保障。只有将二者有机融合，辩证地看待二者之间的关系，才能把握二者的核心要领，提升大学生的综合素养与能力，才能培育出担当民族复兴大任的时代新人。

首先，高校思想政治教育内容的创新要不断创新思想道德内容，加强道德规范的教育。一是高校要以优秀传统文化为依托丰富与创新思想道德内容。要坚持继承与创新相统一，借鉴传统文化中的优秀成果，如"仁、义、礼、智、信""兼爱""非攻"等，这些体现的都是中华优秀传统文化中的伟大智慧。二是要强化社会公德、家庭道德、个人品德的教育。社会公德是维护社会纪律、维护社会稳定发展、促进国家长治久安的重要力量，也是规范大学生行为举止、培养大学生的集体意识与责任担当的重要手段；家庭道德教育是影响个人道德形成的重要因素，并在潜移默化中影响个人的思想行为。只有不断促进良好家风的传承与教育，形成良好的家庭道德，才能不断提升大学生的思想品德；个人品德主要强调一个人为人处世的原则，以及内在修养与外在行为的综合素养。大学生要将道德融于日常生活与行为实践当中，真正做到内化于心、外化于行。

其次，高校要加强法律素养教育，提高大学生的法律意识。除了国家层面制定的法律法规，公民个人的法律意识、法律观念与思维也是至关重要的。高校在创新思想政治教育内容时，要充分结合大学生法律素养的现实情况与新时代"依法治国"理念的新要求，加强大学生的法律意识、法制观念，提高运用法律维权的能力。一是发挥课堂教学的主渠道，将法律知识、法治理念贯穿到整个思想政治教育的过程当中，并及时融入一些典型案例，帮助大学生深入理解法律知识，同时，也要在课堂教学过程中加强媒介手段的应用，以扩大法律知识的普及范围，增加吸引力与影响力。二是崇德明法，将道德教育与法治教育结合起来。一方面加强道德教育引导，另一方面强化法律约束，将道德规范与法治理念渗透到思想政治教育的过程中，在论德释法的过程中不断引导大学生依法行使权利、依法履行义务。三是加强教师队伍的法律素养。高校思想道德修养与法律基础课的教师是提升学生法律素养与思想道德的关键，因此高校要加强对思想道德修养与法律基础课教师法律知识的培训，不断提升教师的专业知识素养；健全教师培养与学习管理机制，制定严格的法律教师准入机制，提升教师队伍的专业性，提高高校道德与法律教育的针对性与有效性。

（二）增加以优良家风为主题的内容

1. 组织学生参加优良家风讲座、论坛

听讲座、做报告是高校教育的重要形式，这种形式也为家风融入思想政治教育提供了路径。通过调查，超过一半的大学生接受讲座作为家风融入大学生思想政治教育形式之一。学校请来做讲座的教师必然是家风研究领域的佼佼者，他们理论功底深厚，能够系统地、透彻地讲解优良家风，使大学生对优良家风有一个全面的认识。学校还应该把重要节日与家风讲座主题结合起来。如父亲节、母亲节，学校可以组织传统家风"孝老敬亲"主题讲座，增强大学生家庭美德培养；在建军节、国庆节等重大节日，可以组织"革命家庭、遗物故事、英烈留声、领袖家书"等主题讲座，让大学生认识到共产党舍小家为大家背后的思想渊源。通过讲座可以把优良家风以更好的面貌、更专业的姿态展现出来。同时，在校内积极组织一些家风论坛，评选优秀家风相关佳作进行表扬，激发学生对家风研究的积极性；对于外校的相关论坛，学校也应该积极告知学生，鼓励他们积极参与。

2. 积极组织家风传递志愿者活动

志愿者活动是一种慈善性服务活动，在不计劳动报酬的前提下，自己的服务性行为对社会群体的帮助。当前家风教育还有很大的提升空间，比如还存在一些家庭思想观念落后、教育方法不当、对家风重视不足等现象。大学生在学校接受高等教育，接受优良家风的熏陶，应该积极地把优良家风传递出去。根据六度空间理论，只要我们帮扶部分家庭，然后人人这样传递，就会形成重大效应。学校应该鼓励学生在节日走出校门，讲述家庭的光荣事迹及优秀家风内容；定期组织志愿者活动，去贫困山区、养老院做一些自己力所能及的事，把优良家风传递出去。同时，在优秀家风传递活动中，学生应该尊重别人的人格，做好人文关怀，坚持正确的家风价值取向，以符合时代要求和价值的家风为主要内容。有价值的家风传递活动既可以把内化到学生头脑的家风外化，检验学生优良家风的实际掌握情况，还可以锻炼学生的实践能力，促进学生全面发展。

3. 积极组织优良家风调研活动

优良家风融入大学生思想政治教育除了理论灌输这个主渠道，还要积极组织家风调研实践活动。近年来，在国家的倡导下，很多地方组建了家风教育基地。高校针对相关课程可以组织学生参加以"家风"为主题的调研活动，如无锡钱氏家族、苏州范氏义庄，通过了解名门望族的家风思想，帮助学生认识优良家风对个人、家庭的重要影响。同时，也可以参观红色革命基地，如安徽金寨红色遗址、井冈山革命圣地等，通过了解革命遗物、英烈留声等认识革命同志艰苦朴素的家风。家风调研活动，能让学生身临其境地感受好家风，震撼大学生的心灵，提高家风的魅力，增强家风对大学生思想行为的影响力。

4. 以媒体为依托，加强家风校园渲染氛围

（1）坚持正确的舆论导向

随着互联网技术的快速发展，人们对网络的依赖与日俱增。互联网具有传播速度快、交流跨时空、信息海量等特征，人们利用互联网学习、交流、娱乐等已经变得司空见惯。但是，网络是一把双刃剑，部分媒体为了点击率向公众输送一些低俗媚俗的信息传导着错误的价值取向。大学生作为互联网重要的受众群体，日常利用网络平台交流学习，自然也会受到错误舆论的引导。具有千年历史渊源的家风文化在传承演进过程中也必然存在正面的和负面的导向，所以高校应该以习近平总书记关于推动家风新风尚、新理念论述为指导核心，牢固网络舆论主导权，积极宣传优良家风观念，净化、清源落后家风观念。

（2）搭建优良家风教育平台

全媒体时代，不仅有报刊、电视、广播等传统媒体，还有电脑、手机、网络等新媒体，这拓宽了人们获取信息的渠道。很多高校为了传播校园信息、引导校园舆论、丰富校园生活都有自己的校报，并且定期由专门人员去宿舍发放报纸，因此为使优良家风融入大学生思想政治教育，学校可以开设家风版面，促进家风宣传；学校也可以利用校园广播，在学生放学回宿舍、去饭堂的路上播放相关名人家风故事；学校还可以在学生吃饭时间，在餐厅的电视上播放"中华好家风"等综艺节目，真正实现优良家风进宿舍、进校园、进餐厅。同时，重视新媒体对家风宣传力度。如，可以利用微博、微信等 APP 推送一些优良家风的有关内容；也可以在网上开展"晒家风、评家风、议家风"等活动，增强学生的参与度，实现对优良家风的深入认识；还可以把优良家风推送学校官网以及学院网站发挥平台宣传作用；还可以把家风纳入校园网络选修课中，供学生学习。因此，搭建全媒体平台不仅可以让大学生入脑、入耳、入心，实现家风常态化，还能推动高校思想政治教育方法创新。

5. 校团委和辅导员做好"第二课堂"建设

（1）校团委积极开展优良家风社团建设及活动

大学生除在课堂接受教师的教育外，建设符合时代特点的家风社团，也是优良家风融入大学生思想政治教育的有效途径。学校校团委承担着社团组织和建设、青年思想政治教育、社团干部培养、艺术团体、礼仪队培养的角色和责任。把家风教育融入高校学生社团管理工作，是提升高校学生管理工作实效性的重要途径，是增强高校学生管理工作针对性

的有力举措,也是进一步推动创新高校学生管理模式的有益尝试。首先,在社团组建方面多给予家风社团方面的政策照顾,多给予财力、物力、人力支持,积极宣传、鼓励对家风感兴趣的学生参与到社团建设上来,同时做好家风社团干部的培养和储备。其次,学校团委也应该承担起家风教育责任,团委要多组织家风故事会、家风征文比赛、家风观影活动等,让学生参与其中,既增强学生对家风的认识,又丰富学生的课余生活。

(2)辅导员做好优良家风主题班会交流活动

高校辅导员承担着学生思想政治教育、关注学生学习生活、学生心理健康辅导、学生规范管理等工作,发挥好优良家风在高校额思想育人作用,辅导员对优良家风教育责无旁贷。辅导员应该以"好家风融入系列主题班会"为突破口进行教育。首先,明确家风教育班会的目的和任务,明确班会开展途径和方法。其次,选择既要符合思想政治教育,又要满足学生实际需要的喜闻乐见的家风教育主题。在活动中,辅导员要摒弃自己一言堂式的教育方法,而要让学生共同参与,在这个过程中做好引导,对其中的重点、难点以及关键点做好把握。最后,班会应该体现思想性、系统性、教育性、创新性,根据不同专业的学生开展不同形式的班会。如,艺术学院可以通过绘画、书法比赛的形式开展,人文学院可以组织班级家风耀中华、家风故事汇等主题班会。通过家风教育系列班会既可以实现优良家风的育人作用,又可以增进学生之间、师生之间的感情。

(三)融入红色文化内容

1. 创建"红色文化"专题网站

在全媒体时代,要重视全媒体作为文化的载体作用,推动红色文化在高校思想政治教育中的应用和发展。通过构建高校思想政治教育"红色文化"专题网站,提供学习平台,借助全媒体中的新媒体互联网客户端作为传播载体,借助大学生普遍采用的、使用频率最高的新媒体手段,让大学生更加便捷、快速地接受红色文化的全媒体信息资源的教育和熏陶。通过"红色文化"专题网站,能够让红色文化内化为大学生自己的思想道德品质;通过结合外部的实践活动,能够借助红色文化全媒体手段提升高校思想政治教育的实效性及时效性。

高校加强红色文化全媒体信息平台的构建,要充分发挥"两微+一端"的平台学习作用,这里的两微指的是微信和微博,一端指的是客户端。通过对高校大学生使用频率最高的微信、微博开展红色文化信息资源的推送,能够方便红色文化走进每个大学生的日常生活,让大学生通过手机来轻而易举地获取存在于全媒体的红色文化信息。对于微信可以采用以红色文化公众号的方式,定期或不定期地向好友推送红色文化视频,实现点播及讲解参观等相应服务。通过红色文化微信公众号穿插红色文化知识的有奖问答环节、课后巩固练习等方式让大学生能够温习历史故事及典故，能够进一步明确红色精神的内涵及价值。比如，我国大部分高校都推广使用的"共青团中央网上团课"公众号，采用的是每周一期，每一期都介绍一个红色景点的实景及相关故事，将红色文化更加直观地传播给高校大学生，让高校大学生在互动和点播中得到红色文化的学习和洗礼。在推广和使用红色文化公众号的同时，要增加红色文化知识交流互动环节，让大学生观看红色视频时也能够在线即时交流互动，分析自己的红色文化学习的心得体会。对于客户端的使用，可以采用大学生使用频率高的视频客户端，如抖音、快手等，高校教师以"网红"身份进行网络版的红色文化教育。我国各地高校要积极构建红色文化联合发展机制，通过对不同地区的红色文化景点进行直播，这种方式轻松、新颖，更能让学生参与其中，使直播成为当前不仅流行而且有价值的消遣方式。高校红色文化教学采用的公众号互动、网红模式具有便捷和快速发展的特点。通过采用红色文化的新式全媒体手段向学生宣传爱国主义精神，让学生担负起历史责任的同时，也能推动高校践行崇高理想和社会主义核心价值观，增强爱国主义情感，争做合格出色的接班人和爱国者。创建高校思想政治教育"红色文化"专题网站可以从以下三个方面进行：

首先，积极构建红色文化专题互联网平台。基于红色文化的历史悠久和内涵比较丰富，高校应该拓展多元化的发展途径，对红色文化实现充分的探究和深挖，构建红色文化宣传专栏，积极借助全媒体的技术优势，打造红色文化传播的品牌形象。通过开展高校红色文化思想政治舆论教育活动，利用中国传统节假日、革命纪念日等开展有意义、有价值的活动庆典，能够达到通过红色文化活动教育人的目的。

其次，加强红色文化的微平台建设。推进高校微信、微博公共服务平台建设，能够实现对于红色文化热点问题及资讯的及时推送，让大学生能够增强对于红色文化的认识并强化情感认同。积极构建以大学生为主体的红色文化团队，能够发挥大学生在红色文化传播中的引领作用。

最后，加强高校影视视听网络平台建设。依据大学生身心发展需求，从学生实际出发，积极构建高校影视视听服务平台，以红色文化创作的"微电影"为推手，逐步打造出具有红色文化影响力的"可听、可视、可读"的文化产品，进一步扩大对于红色文化价值的影响力，推动以红色基因为主要依据的大学生党性教育，提升红色文化正能量传播的效果。

2. 创办慕课平台，共享优质资源

（1）积极规划慕课的教学大纲

高校红色文化教育中，重视创办"红色文化"慕课平台是为了能够为广大高校学生提供更加优质的红色文化教育教学资源，能够通过慕课学习让大学生加深对于红色文化的精神内涵及资源价值的认可，进而提升大学生的思想道德修养，进一步规范广大高校学生的行为习惯。设置教学大纲是为了能够科学规范红色文化教育宣传的方式及进度，明确红色文化慕课的教学规划，有助于更加规范有序地推进高校红色文化慕课，有章可循地开展教学活动，从而提升广大高校学生的思想素质及对红色文化学习的积极性。

（2）加强慕课师资队伍建设

"红色文化"慕课的师资队伍要打破以往的局限，通过在全国范围内采用互联网平台连接的方式，积极推进高校"红色文化"慕课师资队伍建设，积极构建相应的师资研究所，只要是红色文化发展领域的教师、教授、专家、研究员都可以成为"红色文化"慕课师资队伍中的一员。不同的教师各有所长，要充分做到扬长避短，推动慕课师资队伍建设。依据教师的特长，合理整合编制"红色文化"慕课的师资队伍，对教师所承担的红色文化教学任务进行优化组合，展示红色文化教育的合力，构建起科学规范的"红色文化"慕课教学体系。

（3）构建规范合理的慕课授课方式

依据"红色文化"慕课大纲的要求，对于慕课红色文化内容部分进行课时授课，发挥全媒体的技术优势，推进红色文化慕课实行线上和线下相结合的慕课授课方式。线上慕课的内容包括小组协作研讨、进阶式教学、阅读建议、主题讨论等环节；线下包括师生答疑互动、小组讨论、阅读分享、学习交流等。红色文化慕课教学授课方式的灵活多变，为推动"红色文化"慕课教学的持续稳定推进起到了制度保障的作用。

通过"红色文化"慕课教学，将红色文化搬到互联网平台上，有助于推进教学资源的共享和在线互动，能够让广大高校学生感受到高水平教学的魅力，进一步接受高质量的教育，能够满足当代大学生对于红色文化学习的求知欲，也能够拓展大学生的红色文化知识面，丰富其知识沉淀。大学生通过"红色文化"慕课的学习，能够加深对于革命领袖、先烈英雄、模范人物的理解和认知，不断学习红色文化、接受心灵的洗礼，能使学生找到自己学习的榜样的同时向先进学习，有效增强大学生的爱国主义情感，提升大学生的道德品质。

3. 开发"红色文化"APP 实现感官体验

在全媒体时代，加强高校红色文化学习可以借助互联网开发出高校思想政治教育"红色文化"APP，以实现感官体验。虚拟现实技术通过计算机大数据采集与计算，生成与现实相似的虚拟世界，让使用人群身临其境，沉浸于仿真动态环境当中。在红色文化教育教学中采用虚拟现实技术，可以将红色遗迹"搬进"高校课堂，让大学生体验红色文化遗迹带来的直观震撼。在虚拟的红色旅游景点中，学生可以浏览感兴趣的内容，高校教师可以"一步一景"地进行讲解和导说，配合视频播放，让学生更加直观、真实地感受红色景点所积淀的厚重历史文化。除了思政课教师作为红色文化主讲人，大学生也应该轮流作为主讲人展示自己收集和学习的成果。大学生通过自己收集到的关于红色文化景点的资料，借助虚拟现实技术讲解红色文化的过程，也是将红色文化内化于自身思想道德品质的过程。通过深层次的学习与体验，能够提高学生的政治觉悟，强化爱国意识，使其铭记历史。

为了突出高校红色文化思想政治教育的核心内容与思想，高校可以基于全媒体时代红色文化信息资源，采用多元化的方式推动红色文化信息资源的相关内容传播。传播过程中可以采用全媒体技术推动红色文化资源中有价值、相关的、积极的资源整合到高校红色文化思政教学中，应用全媒体时代下的红色文化视频、相关红色文化场景化的表现为广大高校大学生全面、立体地呈现出大家都比较关心的热门话题及热门资讯，进一步引导广大大学生提升自己对于热点问题的认知和辨析能力。

比如，高校红色文化思政教育能够利用全媒体和相关的 APP 软件，将红色文化相关内容以最新的姿态展示给广大受众。在全媒体与红色文化相互结合的前提下，大力开发全媒体红色文化 APP 产品，采用调查问卷和访谈受教育者的方式，逐步了解大学生对红色文化 APP 的需求状况及改进建议，为开发和完善红色文化 APP 做准备；对于高校红色文化 APP 的工作人员要定期开展培训工作。在开展定期业务培训的同时，更切实际地着手开发红色文化全媒体产品，还要帮助广大高校大学生学习红色文化 APP，熟悉其流程和业务技能。大力开发红色文化学习的可视化课件，可视化课件能够更好地发挥红色全媒体的优势，红色文化可视化课件基于思政核心内容与全媒体的呈现方式，能够突出其融合音视频、文本内容、在线信息资源为一体的能力，将图表等缺乏生动、比较呆板的内容变得更加生动有趣。通过全媒体技术可突破时空限制，方便高校红色文化的学习者能够"随时、随地、随视、随听、随心"地进行交流学习。全媒体时代下高校红色文化教育过程中，要正确应用红色文化 APP，推动媒体的融合和主动学习的深入进行。具体包括：①积极构建和宣传红色文化教育专题网站，要构建高校自己的现代化传播思政信息网站；②基于全媒体的开放和信息量大，逐步摸索出适合本校的教育方案，在高校思想政治教育的传播过程中，将新科技的使用与教育结合起来，发挥红色 APP 的积极作用，迎合大学生的兴趣爱好，促进高校思想政治教育的发展。

4. 开通"红色文化"微博，集聚主流声音

在全媒体时代，要推动红色文化育人，要重视对红色文化全媒体的使用，构建起高校红色文化微博教育平台。

首先，通过高校教师与学生共同构建网络学习红色文化的新平台，在高校红色文化学习过程中，提升广大教师、学生对微博红色文化推介平台的使用和操作技能，提高自身的全媒体素质，以全媒体推动红色文化教育观念的转变。高校教师要重视红色文化微博平台的推介功能，加强对红色文化微博平台使用的监督和管理。高校教师要不断宣传红色文化并加强大学生社会主义意识建设，让学生通过红色文化理论及知识学习，自觉摒弃不良生活习惯，自觉抵制不良网络思想的侵蚀，积极构建起高校大学生公正的网络价值观和是非观。

其次，通过高校教师积极学习和掌握红色文化新媒体使用方法，尤其是对于红色文化微博平台的使用，提升红色文化微博平台制作技术，其中包括对于红色文化专题网站的制作及美化，剪辑制作红色文化微视频、图片、影像资料等，有助于通过红色文化微博平台进行红色文化教育的推介及效果展示。高校教师要重视将微博平台作为红色文化教育的第二课堂，通过营造红色文化融入第二课堂，借助高校党团和社团开展红色文化的实践活动，进一步拓展大学生思想政治教育的多元化途径。

最后，通过红色文化微博平台能够有效提升大学生的红色文化精神实质及道德修养的学习。一是要重视高校思想政治教育内容与红色文化宣传相结合的部分，进行全媒体教学。红色文化微博平台实现了信息资源共享及云空间存储的使用。在实现红色文化教育过程中，能够兼顾使用传统媒体并结合新媒体互联网技术，既能够采用PPt课件和在线红色文化资源图片及视频资料，又能够选用课本及相关红色文化文本资料。推动全媒体时代下红色文化在高校思想政治教育中的运用，重视教学形式的信息化，能够突出对于红色文化学习甄别材料选择的科学性，能够引导高校学生主动学习红色文化，加强思想政治教育效果。采用全媒体开展高校红色文化教育具有重要意义，红色文化教育要结合全媒体时代特点，既能够创新红色文化思政核心内容的发展契机，又能够体现出红色文化教学实践活动的客观需要。二是要突出对红色文化下的高校思想政教学课程内容的掌握，通过全媒体手段进行优质红色文化信息资源的甄选，基于全媒体技术，加强红色文化微博，集聚主流声音，推动马克思主义理论专业学生做到去伪存真、优化甄选，进一步让高校思想政治教育工作者能够不断学习红色文化理论和相关文献资料，提升其理论素养和教学水平。

5. 创建红色文化品牌

（1）基本工作思路

坚持创造性转化和创新性发展。要切实做到贴近师生需求、贴近发展实际，密切联系"不忘初心、牢记使命"主题教育的深入开展，对红色文化进行深度挖掘，坚持转化创新，不断赋予新的时代内涵和现代表达形式，不断补充、拓展、完善。

坚持红色引领、注重融入融合。要注重把红色文化传承融到读书会、党校课堂、移动党课、主题党日、社团文化之中，使中华民族最基本的文化基因和革命文化的红色基因与当代校园文化相适应，与大学生成长成才的发展需求相契合，发挥文化育人的"润物细无声"的价值功能。

坚持统筹协调、形成合力。加强党的领导，充分发挥党、团组织的主导作用，鼓励和引导师生广泛参与到红色文化品牌创建活动中来，推动形成以传承红色文化、厚植红色基因为主线的"三全育人"体制机制与育人环境的构建。

坚持久久为功、持续发力。要高度重视文化引领，坚持系统规划、分步实施，着力打造出红色文化系列品牌项目，建成"七个一"的文化建设格局，形成具有学校特色、专业风格、大学生特点的红色文化传承发展的基本工作体系和文化品牌，使师生的文化生活更加丰富、文化建设的内涵更加深化，使青年大学生的文化自觉和文化自信显著增强。

（2）红色文化品牌创建的特色路径

在红色文化项目建设过程中，要"坚持红色文化引领、实施五个融合"，确保"传承红色基因、弘扬核心价值、抹亮青春底色"的主题可以得到全面体现。

第一，将理想信念教育嵌入对红色基地的寻访与瞻仰的"移动课堂"中。红色文化的现代价值凸显了对理想信念的精神追求。通过积极实施红色基地寻访和现场教学项目，有针对性地设置系列参访主题，如党的性质宗旨教育参访一大、二大会址，党性修养教育参访陈云故居，党的先进性教育到龙华烈士陵园、松江烈士陵园拜祭英烈，改革创新成就考察参访上海博物馆、上海城市规划馆和陆家嘴，复兴伟业的实践考察参访自贸区与张江科学城，改革再出发参访自贸区新片区与洋山深水港等，通过红色基地寻访，及时把党史、新中国史、改革开放史、社会主义发展史的相关内容融入对党员的过程性教育之中，让师生党员尝试一次心灵之旅，接受一次直观的信仰教育和初心养育，促使师生党员自觉增强"四个自信"，强化"四个意识"。

第二，把宗旨意识教育嵌入社区、警营党组织联建共建的"移动党课"中。红色文化育人的核心是党的宗旨意识教育，这是靠实践加以体现的。对高校师生党员来说，除了服务好身边的师生群众，通过社区服务、军地联动，可以较好地锤炼党性，提升服务意识与能力。为此，要坚持"请进来""走出去"，积极主动地与社区、企业、红色基地、基层政府等单位开展区域化党建联建、共建，把联建单位作为党员教育的实践大课堂，引领师生党员在服务社会中强化宗旨意识。

第三，将理论学习嵌入网络课堂。理论武装历来是红色文化传承的重要内容。要顺应自媒体环境下学习时间选择自主化、学习空间可移动、学习内容可跳跃的特点，着力打造理论学习立体化的空间与载体，有效筑牢思想理论根基。在党支部每月一次线下专题理论学习的基础上，要以"学习强国""干部在线学习"和党建微信公众号等网络平台为主体，以党支部微信交流群和"易班"中的"理论学习园地"为辅助，打造党员理论学习线上网络平台，通过多元化的理论学习，用习近平新时代中国特色社会主义思想武装师生，铸魂育人。

第四，将"四个自信"和"四个意识"教育嵌入读书会的第二活动课堂中。要充分发挥青年党员教师对大学生的引领作用，选拔40岁以下的党员青年教师，采取"一带五"的结对方式，分别与本、硕学生党支部结对，利用"读书会"和各类研习中心，开展探究式研讨互动学习和嵌入式联动联学活动，利用青年教师党员与大学生年龄相仿、经历相似、价值趋同的优势，有效发挥青年教师党员对学生党员的示范、感染和价值引领作用。

第五，将核心价值观教育嵌入参与性的自主课堂创建中。为提升党员自我教育的主动性、自觉性、体验性，学院党委要积极探索教育载体创新，组织开展以"传承红色基因，强化政治引领"为主题的自主课堂创建，以支部为单位组织党员参与系列主题演讲比赛、红歌比赛、微视频大赛以及红色主题情景剧会演。这些自主性课堂的创设，可以帮助党员师生在自主选择的教育情境或在角色扮演的过程中深入而有效地体会、内化相关学习内容，从而理解与把握党的基本理论知识的深刻内涵与时代意义。

（3）红色文化品牌创建的机制构建

红色文化品牌的创建工作既是对高校整体工作的检验，也是基层党组织领导思想政治教育工作高质量发展的助推剂，在创建实践中要突出机制建设。

一是要坚持党委统一领导。高质量的文化建设成效离不开党委的高度重视。红色文化建设本是各级党组织均应高度重视的重要工作，也是高校事业发展的重要内容，更是立德树人的重要抓手。高校党委只有把红色文化创建工作当作重要的政治任务和政治责任，全心投入、精心组织、以身作则、以上率下，才能真正落实好党对各项事业发展的统领。

二是要充分发挥基层党、团组织的作用。这是精心设计、规范创建并取得实效的关键。师生是红色文化创建的真正参与者和获益者。因此，要通过广泛宣传、精心组织，充分调起师生特别是学生的积极性、主动性和主体性，强化师生的主体意识，让师生成为红色文化项目建设的承担者、创造者。唯其如此，方可确保红色文化建设的持续活力与效能。

三是要突出专业特色。突出专业特色是深化创建工作的应然选择。高校党委要专门研究如何结合学校传统、专业特色开展红色文化品牌创建工作。通过探索、实践，可以构建"三结合""六大亮点"的创建工作特色。"三结合"即把红色文化品牌创建工作与党委"三大主体责任"的履职要求结合起来，与师生思想政治教育的质量提升结合起来，与"三全育人"体系构建结合起来。"六大亮点"即党建领航、课程浸入、学术引领、读书会启迪、实践培育、项目引领。

四是要丰富红色文化项目创建载体。这是红色文化品牌创建工作取得成效的前提。要注重丰富文化创建的载体与模式，把多元化理论学习、介入式实践调研、移动式主题参访、浸入式的演讲与辩论、团体式红歌比赛、情景模拟展演等有机统合起来，让师生在文化品牌创建过程中真正学起来、动起来、做起来，按创建要求参与创建全过程，切实发挥以文化人的主导作用。

（四）创新教育方法手段

1. 构建高校全媒体思政"中央厨房"

"中央厨房"原指餐饮业中一种运营模式，是餐饮企业统一采购、统一烹饪、统一配送的运作模式。在全媒体背景下，被借鉴到了媒体融合实践中，意指全媒体平台的建设。以人民日报"中央厨房"为代表，构成了媒体深度融合的创新实践模式。总体来说，"中央厨房"是指多元媒介终端统一管理、统筹策划，资源、素材整合使用，形成一次采集、多样化加工、多渠道传播的新格局。

全媒体时代，高校开展隐性思想政治教育工作应主动顺应时代大势，因势而动，积极推进信息技术与思想政治教育传统优势的深度融合，着力建设网络思想政治教育阵地。但就目前的情况而言，众多高校仍存在着平台建设不力、管理不够、各自为战等问题；平台种类繁多，使一条校园新闻对应多个出口，出现口径不一、内容有偏差等情况。如高校各类公众号发布篮球赛决赛时间时，有的公众号上发布了准确时间，有的只说了时间待定，久而久之，会使学生对信息源产生怀疑甚至不信任。又如内容同质化现象，同一活动的报道内容大同小异，甚至是一稿多发，导致分散了受众、失去受众黏性。由此，高校校园媒体建设亟须整合。全媒体时代本身就是信息庞杂、表现形式繁芜的媒介生态，因此构建高校全媒体思政的"中央厨房"是全媒体时代高校平台建设的必然路径。

构建高校全媒体思政"中央厨房"，首先要整合所有信息发布平台与各类渠道，整合信息内容,整合技术人员、管理人员、学生干部等人员队伍,建立由党委领导、统筹管理的指挥中心,以信息采编、内容策划、媒体运营、视觉设计等体系为整体构架,构建分发采编、集中素材、统筹策划、打通使用、分别制作、一体化运行的工作模式。具体来说,信息采编组首先将新闻源等素材放入"信息超市",然后内容策划部将针对"三微一网一报"(微博、微信、微视频、校园网、校报)等不同平台、不同介质的特点进行选题策划、撰写文案,根据需要对素材进行二次加工与二次编辑,输出兼具趣味性、传播力与理论深度的内容。即便是同一素材,也能够有针对性地制作出多样化的内容、多形态的产品。如针对校庆这一活动,校园网可形成专题报道网站,微信平台可制作一图读懂、时间轴作品等内容,微博可设置相应互动议题,睡前网络广播可聊一聊在母校的这些时光等,形成多链条的协同传播效应。

高校"中央厨房"的建立,使传统校园媒体与新兴媒体打通使用,扩大了传播的广度与深度。如某一突发事件的报道就可以利用新媒体平台快速传播,以保证时效性,同时利用权威性的传统校园媒体如校报以稳定的文字进行报道以及深度的解析,甚至可以扩展报道边界,提供更客观而全面的报道。另外,重大时事、校园重大新闻等重要内容可以形成一稿多发、多屏联动发布的传播效果。

高校全媒体"中央厨房"的构建,不仅实现了对内容、渠道、平台、人员的整合,形成了隐性思想政治教育全媒体矩阵,随之也整合了受众的注意力。不同渠道、不同形式内容的发布使受众的注意力流动于各载体之中,提升了校园媒体的吸引力、主流价值观的辐射力。依托"中央厨房"开展隐性思想政治教育更利于思政信息的复配,更契合全媒体多样化的特征,为全媒体时代高校隐性思想政治教育提供了有力支撑。

2. 强化责任:落实大学生意识教育工作责任制

高校是人才培养的摇篮,既是知识的殿堂,也是精神的堡垒,校园全媒体平台作为大学生获取校园信息、掌握校园热点、了解校园动态的主渠道,肩负着举旗帜、聚民心、育新人、兴文化、展形象的使命任务,因此要打造校园全媒体舆情信息监测、监管平台。校园全媒体应时代而产生,随需要而发展,全媒体是传媒界的新鲜事物,快速发展的步伐与日趋滞后的监测、监管逐渐不匹配,校园全媒体作为其中一员,也面临着二者发展不协调的困扰。为了最大限度地发挥校园全媒体平台在大学生意识教育中的作用,需要做好以下三个方面的工作:

第一,要建立健全校园网络舆情研判预警机制。当前校园网络迅猛发展,社会上的焦点问题、校园突发事件、师生切身利益有关问题就极易产生校内校外网上舆论连锁反应,形成校园舆情。为提升高校处置媒体突发事件的能力,高校有必要完善现有校园预警机制，强化集中统一，加强党委领导，建立交叉任职制度，强化党政协同，要求相关职能部门恪尽职守，通过大数据等现代科技手段，全天候不间断地对校园舆情进行监控，采集数据并建立数据库，为相关部门应急处理提供及时可靠的信息，通过相关测算手段，对校园舆情进行及时且深度的研判，并且及时把发现的问题报送相关部门、报告第一责任人，为后续工作的顺利开展奠定基础。

第二，要建立健全校园舆情处置应对机制。转变观念，建立网络舆情引导机制，发挥全媒体在校园舆论中的导向作用，培养校园"意见领袖"，做好校园舆论引导工作，同时完善校园舆情处置机制，完善应急预案，培养相关职能部门敏锐的观察力和洞悉力，及时处置，避免事态发酵，完善校园舆情问责机制，细化责任，落实到人，不断提高应对和处置突发问题的水平和能力。

第三，建立健全网络舆情管理保障机制，建立一支有较高政治理论水平又熟悉宣传教育工作、受师生喜欢的工作队伍。破解"流程之困""终端之困"，完善硬件设施、配齐工作人员，有针对性地加大技术、资金投入，将自主研发与招标采购结合起来，优化升级校园全媒体舆情信息监测、监管平台，以招聘、转岗等方式增强校园全媒体舆情信息监测、监管平台的人员力量。同时，发挥各职能部门、各学院、学生多层次人员力量，从教学、科研一线收集掌握大学生的思想动态和心理状况，为快速甄别和深度研判校园舆情提供一手资料。唱响时代主旋律，还大学生一个风清气正的校园全媒体空间。

面对信息网络化的快速发展，大学生意识教育以培养价值观端正、知识丰富、能力全面的社会主义接班人为目标，转变思路逐渐从"教"走向"育"，构建了富有时代特色的育人新模式。高校应多维度、全方位、立体化运用全媒体强化全员、全程、全方位育人体制，形成点到线、线到面、面到体多体联动的、面面俱到的综合育人体系，打造无缝衔接的育人局面，进而达到感化人、教育人、引导人、成就人的目标。

第五章 实践育人的内涵与组织形式

第一节 实践育人概述

一、实践育人的内涵

（一）实践

实践是人类生存和发展的最基本活动。"实践"一词在中国古代哲学中被称为"践行""实行"或"行"，与"知"相对应，主要体现在道德伦理层面；康德把实践理解为理性、自主的道德活动；黑格尔认为实践是主观改造客观的一种抽象的精神活动；费尔巴哈与黑格尔相反，把实践理解为物质性活动，但他对实践的理解也不全面，仅仅把实践看作生物适应环境的活动。所以，他们都没有理解实践真正的本质。实践的主体、客体和中介是实践的三项基本要素，它们构成了实践的基本结构。

第一，实践主体。实践主体是实践活动中的自主性、能动性因素，负责设定实践目的、操作实践中介、改造实践客体，一般是具有一定主体能力、从事现实社会实践活动的人。实践主体有个体主体、群体主体和人类主体三种基本形态。

第二，实践客体。实践客体是指实践活动所指向的对象。实践客体从是否为实践所创造的角度来看，可划分为天然客体和人工客体；从自然界与人类社会两个领域相区分的角度来看，可划分为自然客体和社会客体；从物质性和精神性相区分的角度来看，可划分为物质性客体和精神性客体；等等。

第三，实践中介。实践中介是指实践过程中运用的工具、手段、程序和方法。实践的中介系统可分为两个子系统：一是作为人的肢体延长、感官延伸、体能放大的物质性工具系统，如各种机器系统和动力能源系统。火车、计算机、雷达分别是对人的腿、脑、眼功能的延伸和放大。二是语言符号工具系统。正是依靠这些中介系统，实践的主体和客体才能够相互作用。

实践有以下三个基本特征：

第一，实践具有直接现实性。实践的直接现实性也就是实践活动的客观实在性。构成实践活动的实践主体、客体和中介，都是可感知的客观实在；实践的水平、广度、深度都受客观条件的制约和客观规律的支配；实践还能够引起客观世界的某种变化，让人们可以直观地看到或感受到实践的成果。

第二，实践具有自觉能动性。人的实践活动是一种有意识、有目的的活动。目的性是自觉能动性的主要表现。

第三，实践具有社会历史性。人总是处在一定社会关系中，所以实践也必然是社会性、历史性的活动。实践的内容、性质、范围、水平都会受到特定社会历史条件的制约，随着社会历史条件的变化，实践也会发生变化。

实践的形式具有多样性。从内容上分，一是物质生产实践，解决人与自然的矛盾，满足人们物质生活资料和生产劳动资料的需要，同时生产和再生产社会的基本经济关系，由此决定社会的基本性质和面貌。二是社会政治实践，表现为人们之间的社会交往和政治活动。在阶级社会中，人们之间的交往关系还会带有阶级和阶级斗争的烙印。三是科学文化实践，包括科学、艺术、教育等。在这几种不同类型的实践中，物质生产实践是最基本的实践活动，构成了全部社会生活的基础；而社会政治实践和科学文化实践均是在物质生产实践的基础上产生和发展起来的，受物质生产实践的制约，并对其产生能动的反作用。

在实践与认识的关系上，辩证唯物主义认为，实践是认识的基础，实践在认识活动中起着决定性的作用。

（二）实践育人

教育是培养人的社会实践活动。德国哲学家康德认为，人之所以成为人，完全取决于教育。其观点虽忽视了人的主观能动性，有"教育万能"之嫌，却道出了教育对人的重要作用。人的成长和发展离不开教育，规范人的实践行为、提升人的实践能力更离不开教育。无论哪一种实践主体，不管是物质生产实践、社会政治实践，还是科学文化实践，都有赖于教育的介入并发挥作用。

教育是促进人的全面发展的重要手段。古希腊哲学家亚里士多德主张和谐教育。捷克教育家夸美纽斯在《大教学论》一书中提出泛智教育的理想，希望所有人都受到完善的教育，使之得到多方面的发展，成为和谐发展的人。法国启蒙思想家卢梭是自然主义教育思想的代表，认为教育的目的和本质就是促进人的自然天性，即自由、理性和善良的全面发展。瑞士教育家裴斯泰洛齐倡导教育应以善良意志、理性、自由及人的一切潜在能力的和谐发展为宗旨。这些言论都道出了教育在促进人的全面发展方面的重要性。

所谓实践育人，是指学校以马克思主义实践观为指导，以育人为出发点，坚持教育与社会实践相结合，以理论教学为基础，以促进学生全面发展的专业实践、社会服务、文体竞赛、网络活动等为途径，引导学生形成高尚品格、家国情怀、创新精神和实践能力的一种现代教育理念和新型育人方式。

实践育人对于促进学生全面了解社会、融入社会、奉献社会具有不可替代的作用。具体表现在：第一，有助于学生了解社会，增长才干；第二，有助于学生提升修养，完善人格；第三，有助于学生强化服务意识，乐于奉献；第四，有助于学生培养科学精神。科学精神是科学在其历史发展的过程中形成的价值取向，求真和奋斗是科学精神最本质的内容。学生主动参加社会实践，在实践中提高分析辨别复杂问题的能力，就能进一步认识到科学技术是社会进步的助推器，逐渐培养起孜孜以求的科学精神。与此同时，学生在实践中，必须用基层群众能够理解的语言、乐于接受的方式来和群众打交道，无形中也培养了学生艰苦奋斗、不断探索的科学态度。

通过分析实践育人的概念和作用，再进一步挖掘实践育人的本质，我们不难发现，在我国，高校实践育人就是要让大学生在丰富多元的实践活动中，生成对马克思主义的认同、对马克思主义在中国的政治代表——中国共产党的认同、对马克思主义指导下中国成功探索出的实践路径——中国特色社会主义道路的认同，以及对马克思主义指导下中国特色社会主义实践的伟大创举——改革开放的认同，让大学生在实践中紧密团结在党中央周围，坚定政治立场，扛起时代重任。所谓认同，就是认同主体对认同客体在价值肯定和身份确认的基础上凝结而成的归属性心理，分为认知认同、情感认同和行为认同三个层次。三者所代表的认同程度由浅至深，逐步提升。假如大学生对马克思主义的认同只停留在认知层面，对相关知识倒背如流，在日常生活中却不懂得如何运用马克思主义，这样的马克思主义认同就成了夸夸其谈的口号，既不利于马克思主义指导作用的发挥，也不利于凝聚社会力量。其中的原因就在于：一方面，大学生只有经过全面系统的学习，同时进行反复的实践体验，才能形成对马克思主义稳定、持久、强烈的认同；另一方面，大学生只有在实践中不断运用马克思主义，才会激发进一步学习和研究马克思主义的兴趣，增进对马克思主义的深厚感情，在行为认同的过程中对前期的认知认同和情感认同形成一定程度的反哺。认同也正是从初步的"认知—情感—行为"，到进一步的"认知—情感—行为"，再到更深层次的"认知—情感—行为"的逐步上升的过程中得以生成、持续和强化。

总而言之，高校实践育人的本质就是培养大学生对马克思主义的行为认同。纸上得来终觉浅，绝知此事要躬行。教育不能是一味的理论灌输，而是要超越课堂和书本的局限，让学生参与各种形式的实践活动，让学生的认知认同和情感认同在实践中得到锻造和升华。基于实践育人的本质和实践育人在人才培养中的重要作用，我们应构建幼儿园、小学、中学、大学相互贯通、逐层递进的学校实践育人模式，建立"理论育人与实践育人相结合"的体制机制，组织并引导学生投身到丰富多彩的社会实践中去，为党和国家培养德智体美劳全面发展的时代新人。

二、实践育人的功能

（一）个体功能

必须承认的是，现在的学生实践能力普遍有待提高，具体表现在：有知识、少体验；会做题、不会解决问题；在纸面上成长，缺少"亲力亲为"的在场机会。实践能力的不足已经成为有碍学生适应社会、全面发展的制约因素。为此，我们必须提升对实践育人重要性的认识，实践育人是促进学生个体全面发展的必然要求。

第一，巩固专业思想，提升专业能力。实践教学法是学校开展实践育人所采用的基本方法。相对于课堂上的理论教学而言，实践教学法是指教师引导学生将所学理论运用到实际生活中，通过实践活动来培养学生的动手能力和创新能力，从而巩固和加深学生对所学知识的理解和认识的一种教学方法。实践教学法最大的优势在于与学生的生活实践紧密结合。对于学生而言，发挥自身的专业优势，将其运用到社会实践中，既可以加深对所学专业知识的价值认同、巩固专业思想、增强学习动力，又能在实践中依据社会发展的需要，发现自身专业知识和专业技能的问题与不足，查漏补缺，促进自身能力的全方位提升。

第二，融入社会环境，加速社会化进程。实践育人是帮助学生深入了解社会、接触社会、服务社会的有效手段。学生在实践中体验劳动的艰辛，学会与人沟通，树立法律意识、道德意识和社会责任意识，便实现了与社会的初步融合。在实践中，面对陌生的世界、变幻的格局和不确定的结果，学生会更加深刻地体会到什么是真、善、美，什么是假、恶、丑，应该坚持什么、反对什么等，从而更加明确自己的社会角色和社会义务，为未来走进社会、融入社会打下思想基础、心理基础和业务基础。

第三，明确就业方向，规划职业生涯。社会实践是学生进入职业生涯之前的早期探索，通过参与学校组织的各种类型的实践活动，学生以切身体验的方式逐步发觉自己的兴趣爱好、擅长的领域，树立正确的就业观和择业观，培养良好的职业道德，进而对未来职业发展起到定向的作用。一旦明确方向，学生就会对未来的职业充满热情，兢兢业业、意志坚定，努力在职场上拼搏和奋斗。

第四，提高人文素养，促进全面发展。除专业实践和社会实践之外，学校组织开展的丰富多彩的校园文体活动和网络实践活动，对促进学生健康成长和德智体美劳全面发展也具有重要意义。通过灵活多样的文艺晚会、艺术展演、体育竞赛、社团活动、网络竞赛等，营造出朝气蓬勃、积极进取的校园文化氛围。学生参与其中，久而久之就会成为一个有知识、有本领、有特长、有进取精神的全面发展的人。

实践育人不是书斋式的教学，而是要向学生的实际行动要效果，即通过各种教育方式激发学生的行动力，指引学生朝着理想的巅峰努力攀登。

(二) 群体功能

社会群体是人们基于一定的社会关系而形成的共同体。不仅个体的成长和发展离不开实践，家庭、团队、学校等群体的发展和壮大同样也有赖于长期反复的实践。实践教育对群体实力的提升和凝聚力的塑造意义重大。

在群体形成初期，群体成员之间只有简单的互助合作关系。伴随群体的发展壮大，用来协调群体成员之间关系的、以保证群体目标得以实现的、具有一定公信力的规则便呼之欲出了。群体规则出台后，就需要向群体中的个体开展实践教育，其目的有二：一是增强个体对群体的认同度；二是要求个体在实践中自觉遵守群体规则。只有在群体认同和群体规则的作用下，群体成员才会心往一处想，劲往一处使，产生一致的行动力。在实践中，群体中的个体通过与其他个体的互动和交流，可以相互学习、扬长避短，并产生一些共同的信念和价值观。个体与群体之间是相互依存、不可分割的关系，个体的需要可以在群体中得到满足，同时，个体的发展也会壮大群体的力量。

群体之间的竞争是无处不在的。一旦本群体在与其他群体的竞争性实践中取胜，群体成员就会深刻体会到本群体的优越性，进而形成强大的群体凝聚力；相反，如果本群体在竞争性实践中失利，或被其他群体压制，个体就会动摇对群体的认同，并开始反思是继续留在本群体，还是选择离开，投身到其他群体之中。在群体失利的情况下，实践教育还肩负着能否稳定队伍、凝聚人心，进而扭转乾坤的艰巨任务。

女排精神是中国女子排球队顽强战斗、勇敢拼搏的精神概括，表现为祖国至上、团结协作、顽强拼搏、永不言败。几十年来，一代又一代的中国女排队员经历过连续夺得世界冠军的历史巅峰，也经历过无数次低谷和挫折。这种反复实践、团结拼搏的群体精神，不仅成为中国体育的一面旗帜，更教育了全国人民，成为时代精神的代表，彰显出中华民族伟大复兴的实力和信心。

（三）社会功能

如果说，实践育人的个体功能体现在个体的全面发展上，群体功能体现在群体凝聚力的塑造上，那么实践育人的社会功能则体现在"培养什么人、怎样培养人、为谁培养人"这一根本问题上。

教师的神圣职责是"教书育人"，其中，"教书"主要是传授知识，而"育人"则承担着为党和国家培养建设者和接班人的任务。我们要培养的是能够担当中华民族伟大复兴重任的时代新人。这批时代新人不仅要有扎实的理论基础和专业能力，而且要投身社会，发挥才干，在实践中实现使命担当，在时代的风云变幻中锤炼本领，培养和强化自身的实践能力和创新精神。

实践育人不仅能转化为强大的精神力量，还可以催生出强大的物质力量。通过多维度的实践锻炼，既有利于学生形成对社会主义发展方向、发展道路和社会主义民主法治的正确认识，提升参与政治生活的能力，提升社会治理效能；又有利于学生树立科学信仰，提升精神境界，营造良好的社会风气，汇聚和整合社会力量；还有利于培养学生良好的职业素养和职业道德，强化团队意识、质量意识、竞争意识和效率意识，助推生产力的发展，对社会物质财富的提升产生积极影响。可以说，实践育人的良好效果，必将成为国家发展和社会进步取之不尽、用之不竭的力量源泉。

十年树木，百年树人。培养担当民族复兴大任的时代新人，是一项庞大的历史工程和艰巨的战略任务。各级各类学校必须牢牢把握培养时代新人的实践要求，厘清思路、明确责任、扎实推进、确保实效。

三、实践育人的原则

（一）立德树人原则

百年大计，教育为本。教育是一个国家、一个民族发展和进步的基石，是提高人民群众整体素质、促进人的全面发展的根本途径。强国必先强教。在我国，提高教育现代化水平，对建成社会主义现代化强国具有决定性意义。特殊的国情决定了我国的教育在解决"培养什么人、怎样培养人、为谁培养人"这个根本问题上所采用的途径和方法必然与其他国家有所不同，我国的教育必然要鲜明地打上马克思主义、社会主义的烙印，在立场问题上容不得半点马虎。旗帜鲜明地讲政治、理直气壮地讲信仰，是培养担当民族复兴大任的时代新人的必然要求。只有用马克思主义武装全体学生，才能培养出社会主义事业的合格建设者和可靠接班人。一个没有信仰的人，就永远逃不出"利益"的牢笼，就不会考虑社会责任与担当，更不会有胸怀天下的格局。对此，我们要高度重视，一定要毫不动摇地坚持正确的政治立场，引导大学生树立马克思主义的科学信仰，做言行合一的马克思主义者。

任何理论都离不开实践的检验，理论只有与实践相结合才能最大限度地发挥作用。"'思想'一旦离开'利益'，就一定会使自己出丑。"一种理论学说为人们所接受、所认同，在于它提供满足人们某方面需求的内容而形成的吸引力。新时代的教育绝不是纸上谈兵、空讲理论，而是要着重培养学生的理论判断力、思考力和逻辑力，培养学生运用所学理论解决现实问题、促进自身发展的能力。

立德树人要尊重人成长发展的基本规律，增强实践在教育中的分量。现在，我国已经全面开启建成社会主义现代化国家的新征程，对于肩负着中华民族伟大复兴历史使命的学生一代而言，更应当深入祖国大地的田间地头、厂矿车间、革命老区、脱贫一线、科研基地等地，去"踩泥土"，去"闻烟火"，结合课上所学、书本所讲，读懂中国故事，理解中国力量，牢固树立起科学信仰，以聪明才智贡献国家，以开拓进取服务社会。

因此，学校要把立德树人融入实践育人的各个方面和各个环节，要坚持中国特色社会主义的教育发展道路，全面贯彻党的教育方针，始终以人民为中心，培养德智体美劳全面发展的社会主义合格建设者和可靠接班人。

（二）学生主体、教师主导原则

谁是实践育人的主体？这本身就是一个值得深入探讨的问题。在学界关于教育主客体问题的论争中，起初，学界普遍认同"教师主体论"，认为教师是主体，学生是客体，这种观点主要是基于哲学上的主客体判断。因为教育是人作用于人的一种对象性活动，教师是教育者，是教育活动的主动方、发起者，学生是受教育者，是教育活动的受动方、接收者。但是，这很快就出现了理论争议，因为人本身就具有主观能动性，受教育的学生更是思维活跃，他们不只是消极、被动地接受教育，而是具有强烈的积极性、主动性、选择性和创造性。尤其是随着信息网络技术的异军突起，学生掌握的信息资源甚至可能比教师还要多、还要全面、还要深刻。于是，人们开始反思教师主体性和学生客体性的问题。有学者则提出"学生主体论"的观点，认为教学应该以学生为主体，从学生的实际需求出发，为学生提供教师期望与学生需求相吻合的教学内容；有学者提出"主客体转化论"，认为教师在教学过程中也会受到学生的启发，在这种情况下师生的主客体关系就发生了互换，学生启发教师，所以学生变成了主体，教师变成了客体，而且教育过程中师生的主客体关系始终处于变化之中；还有学者提出"双主体论"，认为在教育活动中，教师和学生处于平等地位，师生双方都应该是教育的主体；更有学者提出"多元主体论"，认为教育活动的主体不仅限于教师或学生，家庭、社会也是教育的主体；等等。

学者们的观点具有深刻的理论意义和实践意义，但同时又都具有一定的局限性。"教师主体论"忽视了作为"客体"的学生的主观能动性；"学生主体论"又片面强调学生的主动性，把教师这一教育的发起者冷落一旁；"主客体转化论"虽然关注到矛盾双方相互转化的过程，却无法论证矛盾双方不转化时主体的客体性和客体的主体性问题；"双主体论"把教师和学生都认定为教育主体，则无法回答"客体是谁"的问题；"多元主体论"虽然关注到来自各个层面的教育实施者的能动性，但主体过多又相当于没有主体，冲淡了教师和学生的核心地位。

实践育人与其他类型教育的相同之处在于，都是通过"教师教、学生学"来实现教育目标；实践育人与其他类型教育的不相同之处则在于实践育人的最终目标是提升学生的实践能力。在参与实践的过程中，实践的主体是学生，那么在学校实践育人中，也应该以学生为主体。学校实践育人中的教师主导，指的是实践育人的内容、方法、组织和管理由教师设计和实施，教师对实践育人的质量和效果负责。正是在教师的主导下，通过各种有效的育人手段，才培养起学生良好的动手能力。而学校实践育人中的学生主体，指的是在教师的主导下，学生不仅要参与各项实践活动，还要充分发挥积极性和主动性，主动接受实践锻炼，在实践中增长才干。

（三）广泛参与原则

实践育人不是面向少数人开展的精英教育，而是面向全体学生，在幼儿园、小学、中学、大学等不同阶段，结合学生成长发展的不同需要，长期、持续开展的教育活动，在教育的受众上具有广泛性的特点。

一般而言，学生学习生活的环境较为单一，与社会接触不多，往往对社会缺乏了解，缺乏实践知识和劳动锻炼。他们只有在学习科学文化知识的同时，积极参与社会实践，更多地了解国情，了解社会主义现代化建设和改革的实际情况，了解人民群众的所思所想，提升实践能力，才能逐步成长为国之栋梁。实践育人不可能一蹴而就，很难通过一次性或短期的教育就形成良好的育人效果。因此，学校除要认真做好已列入教学计划的实践教学和实习实训外，还要利用好寒暑假、周末和课余时间，组织学生参加各种各样的社会实践活动。

秉持着全员参与的原则，学校要发挥党团组织的优势，努力使实践育人工作体系面向全体学生设计，力争做到普遍适用、普遍参加、普遍评价，确保每一名学生都有参加实践的机会。要把学生利用寒暑假和课余时间参加社会实践活动的情况，作为学生综合素质考核的内容之一，督促每一名学生都能结合实际参加一定的实践锻炼。学生参加实践活动后，要认真填写《社会实践活动登记表》，由活动的接受单位做出鉴定。对在实践活动中表现突出的学生，学校应给予专项表彰奖励，并可作为综合考评、奖学金评定、推优入党的依据。学生在社会实践中撰写的优秀实践论文、调查报告、科技成果等，应由学校有关部门鉴定后计入成绩档案。

（四）"五育"并举原则

学校实践育人也必须坚守"五育"的原则，做到各级各类实践活动百花齐放、灵活多样，助力学生综合素质的全面提升。

"五育"中的德智体美劳，反映了我国教育在培养目标上的总体要求，五者缺一不可。疏于德、偏于智、弱于体、抑于美、缺于劳，均是"五育"失衡的表现，而"五育"一旦失衡，必然会导致唯分数、唯升学、唯文凭、唯论文、唯帽子的"五唯"顽疾。关于德智体美劳"五育"在学校人才培养体系中的地位，有的学者认为应以德育为首，有的学者认为体育是前提，还有的学者强调德育和智育在"五育"中同等重要，等等。其实，"五育"正如人的五官，很难分出孰轻孰重。"五育"并举强调五个方面的全面融合，一个都不能少，应同等重视，不可偏废。"五育"是一个整体，既内在统一，又各有侧重，目标是促进学生全面而有个性的发展。"五育"并举，不是德育、智育、体育、美育、劳育的简单拼凑与整合，而是实现"五育"之间的有机融合、相互渗透，即"你中有我、我中有你"。"五育"之间的关系应该是均衡发展、各具特色、相互促进。

新时代的教育目标是培养新时代的人才，新时代的人才应该是德智体美劳全面发展、朝气蓬勃、富有创造力的时代新人。学校教育在传递知识与价值的同时，不能扼杀学生的好奇心、想象力和创造力。教育的本质是培养身心和谐发展的"完整"的人。因此，教育必须追求"五育"的和谐统一，尤其是信息技术和互联网科技盛行的时代，学校更应该给学生完整的、全面的教育。

现阶段，学校实践育人坚持"五育"融合，要以德为先、以智为本、以体为径、以美为核、以劳为重。在实践育人活动的具体设计上，应从人文关怀、机制创新、环境营造等方面不断优化实践育人方案，为学生搭建不同层次、不同类型的实践平台，让学生在实践活动中真正有所收获，德、智、体、美、劳等方面真正得到提升。

（五）分类指导原则

在实践育人的组织运行中，由于每一名学生的实际情况不同、成长需求不同、参与的活动不同，很难用一套通行的指导办法来教育和引导全体学生，所以，学校实践育人必须坚持分类指导原则，具体问题具体分析，具体活动具体研判，为学生提供切实有效的指导服务。

实践育人的分类指导原则体现在以下四个方面：一要对象分层，突出科学性。基于不同类型的实践活动中学生扮演的不同角色，分别提出相应、相近、相适的实践要求，这样能把学生参与实践的普遍性要求与特殊性需求有机结合起来，使指导更具针对性和科学性。二要内容分类，突出实用性。界定好哪些是"规定动作"，哪些是"自选动作"，让学生根据自身实际和具体需要，选择适合自己的实践内容。三要载体分块，突出操作性。将实践活动划分为专业实践与非专业实践、校内实践与校外实践、线下实践与线上实践等不同模块，以活动为载体，实现分类指导的目的。四要考评分级，突出针对性。结合学生参与实践的具体表现、实践接受单位的评价、实践成果质量等方面的因素，对学生的实践情况进行考核评价。根据实践的不同内容制定考评细则，进行分级分类考评。坚持实事求是、一切从实际出发，确保考评工作的科学性、合理性、实效性，力求全面、客观地反映学生参与实践的情况。

实践育人的分类指导原则，要求学校根据学生的实际情况，因材施教、因势利导，针对具体的实践内容，选择合适的实践方式，进行客观的实践评价，切忌"一刀切"和不求实际效果、只图完成任务的想法和做法。

第二节　我国高校实践育人的组织形式

一、我国高校实践育人的目的和任务

（一）我国高校实践育人的目的

高校实践育人的目的，是指高校通过开展实践育人活动，在大学生的思想和行为方面所期望达到的结果。它是高校开展实践育人工作的依据和动力，体现实践育人的价值取向。

我国高校实践育人的目的不是单一的，而是一个目的体系。其中，我国高校实践育人的根本目的是指实践育人工作所要达到的终极目标；而我国高校实践育人的具体目的则是指实践育人的各项具体活动所要达到的预期目标。

我国高校实践育人的根本目的是由我国的国情和社会性质决定的。我国是社会主义国家，办的是中国特色社会主义教育，要培养的是社会主义合格建设者和可靠接班人，因此，我国高校实践育人的根本目的是提高大学生的实践能力，促进大学生德智体美劳全面发展，激励大学生为建设中国特色社会主义，进而实现共产主义而奋斗。这一根本目的包含两个方面。一是提升大学生的实践能力。当代大学生普遍存在一个严重的问题：说的多于做的，动手能力差于理论考试的能力，这与我国高校的人才培养目标无疑是背道而驰的。学校进行实践育人，开展实践教育活动，就是要让大学生在学校就能接受充足的实践训练，全方位提升自身的实践能力，深入社会、了解社会，具备扎实的专业本领、良好的品德、强烈的事业心和责任感、坚强的毅力等，为毕业后走向社会，成为能肩负重任的时代新人做好准备。二是促进大学生德智体美劳全面发展。社会主义的本质是解放生产力、发展生产力，而发展生产力的落脚点则是人的自由而全面发展，这正是高校实践育人的根本目的。新时代，我们需要什么样的人才？德、智、体、美、劳全面发展，缺一不可。德、智、体、美、劳全面发展有利于帮助大学生形成正确的世界观、人生观和价值观，其中任何一项出现教育缺失，都有可能导致"三观"出现问题。只有促进大学生德、智、体、美、劳全面发展，才能让他们更积极、更主动地投身于中国特色社会主义建设中，成为对社会有用的人，成为国之栋梁。

我国高校实践育人根本目的的最终实现，有赖于一个个具体实践育人活动目标的实现，而这些具体的活动目标就是我国高校实践育人的具体目的。我国高校实践育人的根本目的可以看作长远目标，要齐心协力，久久为功。这一根本目的一般需要经过实践上、内容上、形式上等多层次分解，成为一个个具体的目的来指导高校实践育人的具体工作。通过达到一个个具体目的，高校实践育人才能一步步向根本目的迈进。可见，高校实践育人的具体目的是根本目的的具体化，达到具体目的对于高校进一步开展实践育人工作，进而向根本目的的实现靠近具有十分重要的意义。

（二）我国高校实践育人的任务

高校实践育人的任务，是指实践育人在社会生活中所承担的特定责任。高校实践育人目的的实现、效果的体现，都有赖于任务的顺利完成。

一代人有一代人的使命，一代人有一代人的担当。新时代的大学生是实现中华民族伟大复兴的生力军，是国家的未来、民族的希望。高校实践育人的根本任务就是厚植大学生的理想信念、锤炼大学生的本领才干、提升大学生的社会责任感，培养有理想、有本领、有担当、堪当大任的时代新人。

第一，厚植大学生的理想信念。理想是与人的奋斗目标相联系、有实现可能性的向往和追求。无数事实证明，树立崇高的理想信念对人生发展具有重要意义。现实是此岸，理想是彼岸，而实践恰好是架起理想与现实之间的桥梁。建设社会主义现代化强国、实现中华民族伟大复兴，需要一代又一代有崇高理想信念的时代新人在实践中不懈奋斗。高校要教育和引导当代大学生树立马克思主义科学信仰和中国特色社会主义共同理想并非易事，既需要课堂上的深入讲解，更需要组织大学生在实践中反复体验，让大学生真正用马克思主义分析和解决现实问题，做到对马克思主义真学、真懂、真信、真用。

第二，锤炼大学生的本领才干。专业知识和专业能力是大学生本领才干的集中体现，而在课堂上、书本上学来的专业知识，在实践中到底会不会用，则是考验大学生是否具有真才实学的关键。高校要通过实践育人活动，引导大学生夯实专业基础，既读有字之书，又读无字之书，理论联系实际，把学习科学知识与学习实践经验集合起来。用学到的知识解决具体的实践问题，在实践中增长才干。当代大学生普遍缺乏基层工作或适应艰苦复杂环境的历练，在驾驭复杂局面、处理复杂矛盾问题上缺乏实践经验，尤其在做群众工作方面存在一定的短板。高校要以各种形式组织大学生深入基层、深入群众，在实践中锤炼本领，努力成为可堪大用、能担重任的栋梁之材。除了专业素质以外，大学生品德素质、体能素质、文艺素质、审美素质等业余爱好的培养和提升，也有赖于高校在实践育人理念下通过搭建大学生喜闻乐见的校园文体活动、社团文化活动等平台，帮助大学生实现全面发展。

第三，提升大学生的社会责任感。社会责任感作为一种道德情感，是一个人对国家、集体以及他人所承担的道德责任。高校实践育人要着重培养大学生的担当精神，把个人的前途与祖国的命运联系起来，把个性的发展与时代的进步联系起来，把职业的选择与社会的需求联系起来，树立对自己、对他人、对集体、对社会、对祖国的责任意识。新时代的中国青年，一定要有担当。担当是一种情怀，更是一种本领，它会指引人们在关键时刻迎难而上，召之即来，来之能战，战之能胜。如果没有担当，遇事就会推诿塞责、畏首畏尾、瞻前顾后、不思进取。

二、我国高校实践育人的要素

(一) 教育者

高校实践育人的教育者，是指在实践育人过程中有目的、有计划地对受教育者施加教育影响的个体或群体。教育者在实践育人中处于主导地位，发挥主导作用。实践育人是在实践活动中展开的，离开了教育者的主导，实践活动便不复存在。

在我国高校，提及实践育人的教育者，人们首先会想到高校教师。但是，仅凭高校教师这支队伍够不够？还须把哪些人以怎样的方式组合起来，才能保障高校实践育人的实效性？诚然，高校教师在实践育人中的主导作用不可替代，但高校党政领导、各部门（学院）、学生工作队伍等对实践育人的影响也不容忽视。因此，高校实践育人应建立学校党委统一领导、部门（学院）分工负责、全体教职员工协同参与的全员育人机制。这支实践育人的教育者队伍在分工上虽有所不同，但在政治上要高度统合、协同一致。也就是说，教育者首先要受教育，站稳师德高地，守住师德底线，彰显育人情怀，淡泊名利、无私奉献，做大学生成长成才的引路人和贴心人。

实践育人，教师是关键。我国古代第一本教育专著《学记》中有一句话："亲其师，信其道；尊其师，奉其教；敬其师，效其行。"这句古训点明了良好的师生关系对于学生的重要作用和影响。教师队伍建设是高校实践育人举足轻重的关键环节。建设一支政治立场坚定、有良好的专业素养和道德情操、有创新精神、值得大学生尊敬和信赖的教师队伍，是提升高校实践育人实效性的必然要求。人们相信自己的眼睛，往往优于相信自己的耳朵。也就是说，大学生不仅会听教师怎么说，还会看教师怎么做。高校教师"言传"固然重要，在课堂上豪情满怀，用真理的力量感召大学生，获取大学生的认知认同，但下了课应该怎么做，课堂上所学的理论应该怎么运用，其实相当一部分大学生并不知晓。在不会做的情况下，人的本能反应是"模仿"，而高校教师就是大学生模仿的首要对象。因此，相较于"言传"，"身教"的意义更加重大。高校教师唯有做到课上课下言行一致、知行合一，有真本领、真功夫，才会获取大学生真诚的信赖。

火车跑得快，全靠车头带。高校实践育人能否达到预期效果，教师的积极性、主动性和创造性能否充分发挥，大学生能否积极参与，全都离不开党的坚强领导。我国的高校是党领导下的中国特色社会主义高校，坚持党的领导是我国高校最显著的特征和最大的政治优势。高校党政领导，应切实抓好实践育人的整体设计规划和发展方案，围绕立德树人的根本任务，在实践育人的师资队伍建设、组织实施、条件保障等方面采取有效措施，解决实际问题，并建章立制，形成一套行之有效的实践育人制度体系。

如果说高校教师在实践育人中从事的是专业实践教育，那么高校学生工作队伍从事的就是第二课堂实践教育，即课外实践教育。高校学生工作队伍，是指对大学生开展思想政治教育和日常管理服务的高校学生工作部（处）人员、共青团干部、辅导员、班主任，以及相关职能部门的工作人员。当前，我国各高校的学生工作队伍已经基本解决了"有人干"的职业化问题，但还需要进一步解决"干得好"的专业化问题，进一步严格准入制度、考核制度、淘汰制度，精选、配齐、配强学生工作队伍。在学生工作队伍中，尤其要抓好高校辅导员队伍建设，因为辅导员的工作直接面对大学生，他们是离大学生最近、与大学生最亲的"良师益友"，在实践育人中扮演重要角色。在实践育人中，高校要大力推进学生工作队伍的专业化和职业化发展，打造一支"专家化、学者型"学生工作队伍，抓好课上课下、线上线下的要素协同，共同为高校实践育人目标的实现保驾护航。

教师的神圣职责是"教书育人"，其中，"教书"主要是传授知识，而"育人"则是为党和国家培养建设者和接班人。"教书"和"育人"是一个整体，不可分割。从这个意义上讲，任何一名高校教职员工，无论专业背景如何、无论从事何种工作、无论工作领域是在课上还是课下，都必须承担起"教书育人"的职责，肩负起实践育人的责任。实践育人，不仅仅是高校教师的职责，也是全校教职工当仁不让的义务，更是家庭、社会共同的使命和担当。

（二）受教育者

高校实践育人的受教育者，是指在高校实践育人过程中教育者施加教育影响的对象。受教育者是高校实践育人的对象和参与者，也是高校实践育人效果的直接体现者。离开了受教育者，高校实践育人便失去了意义。对高校而言，实践育人的受教育者就是全体在校大学生。

目前，我国高校大学生群体（本科生）已经普遍为 00 后的青年，与 70 后、80 后、90 后大学生截然不同的是，他们有强烈的自我意识、网络化的生活习惯、个性化的标签。作为肩负民族复兴大任的时代新人，我国大学生群体的数量之多，大学生在今后社会主义现代化建设中所要承担的任务之艰，大学生的素质对于国家和民族未来发展的意义之重，都决定了高校必须高度重视实践育人工作，对大学生成长发展的内在需求和客观规律有深入细致的了解，从而正确、有效地引导大学生参与各种实践活动，在实践中长本领、长才干，更好地发挥当代大学生群体在实现中华民族伟大复兴中的主力军作用。

必须明确的是，在高校实践育人中，受教育者既是接受教育的客体，又是实践的主体，具有主观能动性。他们不仅要完成自身从知到行的转化，还会反作用于教育者、教育内容、教育载体和教育环境。在高校实践育人的过程中，大学生绝不是消极、被动地接受教育，而是实践活动的"主人"。面对五花八门的实践活动，他们可以自主选择参加或者不参加、什么时间参加、以怎样的形式参加、参加时间的长短和程度的深浅等等。在每一项实践活动中，他们都可以充分发挥积极性、主动性、选择性和创造性。因此，高校实践育人应牢固树立"以生为本"的理念，在活动的策划和实施中坚持以学生为中心，从学生的成长需求出发，为学生提供学生需求与教师期望相吻合的实践育人"菜单"。

（三）教育内容

高校实践育人的教育内容，是指根据一定的社会要求，针对教育对象的思想实际，经教育者选择设计后，有目的、有计划地传达给教育对象的、带有价值引导性的信息。我国高校实践育人的教育内容以马克思主义为指导，以社会主义核心价值观为引领，以促进大学生全面发展为目标，以大学生成长成才的实际需求为导向，为大学生树立正确的世界观、人生观、价值观、道德观和法治观服务，引导大学生在实践中将自己锻造成为堪当大任的国之栋梁。

推进高校实践育人工作，不能照本宣科，应注重理论育人与实践育人的有效衔接，彰显实践育人的特色。为此，在实践育人的教育内容上要抓住以下重点：一是注重中国特色社会主义理论教育。中国特色社会主义理论是支撑我们实现中华民族伟大复兴的重要力量，把其诠释好、宣传好、发展好、凝练好，用其来指导不断变化和发展的实践活动，是非常必要的。就高校而言，注重中国特色社会主义理论教育，能够增强大学生个体的感知能力、体悟能力和觉察能力，使大学生认知社会和理解理论变得更直接、更具体、更形象，将自身发展要求向党和国家的需要靠拢。二是注重党史国史和形势政策教育。高校实践育人应注重把党史国史教育融入实践育人的全过程，不断增强大学生的家国情怀，弘扬中国精神，以史为鉴，砥砺心志，奋力前行。三是注重人文素养教育。人文素养即人的科学研究能力、知识水平和专业能力所体现出的以人为中心的精神，概指人的文化素质与品德修养。人文素养是衡量社会文明进步的标尺。高校要以人文素养教育为抓手，引导大学生养成良好的行为习惯，思考人类生存的意义和价值的关怀，全面发展自己的实践能力和水平，提升社会责任感和使命感，不断增强实践育人的吸引力、感染力和凝聚力。

（四）教育载体

高校实践育人的教育载体，是指能为教育者所运用，借此对受教育者进行实践教育，并与受教育者进行双向互动的具体活动形式，如实习、军训、"三下乡"等。高校实践育人内容的设定、方法的选择、教育者与受教育者之间的互动等，都有赖于教育载体。根据不同的教育内容，选择合适的载体，是加强和改进高校实践育人水平和质量的必然要求。

高校实践育人不是教育者单方面的教育过程，也不是受教育者单方面的实践过程，而是教育者和受教育者相互作用、相互影响的过程。教育载体作为这一过程中的重要环节，为教育者和受教育者搭建了互动和交流的舞台。首先，教育载体是高校实践育人发展的产物。专业实习实训、校园文化活动、志愿服务活动等教育载体，都是高校在长期的实践育人中产生和发展起来的，并随着时代的发展不断推陈出新。其次，教育载体是高校实践育人的具体形式。实践育人是一个抽象的概念，对何时实践、实践什么、如何实践、实践的效果如何等问题的回答，要在实践育人的具体活动中找答案。而正是教育载体将抽象的实践育人具体化为各种实践活动。最后，教育载体直接影响高校实践育人的实效性。高校实践育人的实效性评价较为复杂，一般需要综合考虑多方面因素。而其中的教育载体，就是衡量高校实践育人实效性的一个重要因素。如果教育载体选择恰当，并得到较好的运用，高校实践育人就能顺利开展并取得良好成效；反之，就可能事倍功半、效果不佳。

一般而言，高校实践育人的载体具有以下特征：一是突出的实践性。教育载体本身就是一种活动形式，受教育者通过参与这些活动来接受实践教育，提升实践本领，所以实践性是教育载体的突出特征。二是明确的目的性。要么是提升大学生的专业实践能力，要么是锻炼大学生的就业创业本领，要么是增强大学生的社会责任感，要么是陶冶大学生的情操，任何一种教育载体都承载着一定的实践育人目标，高校会围绕特定目标，设定有针对性的实践活动。三是广泛的参与性。吸引全体大学生以不同形式积极主动地参与实践，是高校实践育人工作顺利开展的基本条件，也是实现教育载体功能的根本保证。

（五）教育环境

环境是人赖以生存和发展的各种因素的总和。"人创造环境，同样，环境也创造人。"高校实践育人的教育环境，是指对高校实践育人目标产生一定影响的诸多要素的存在样态，包括政策环境、学校环境、社会环境和网络环境等。

党中央和国家教育主管部门根据时代的发展变化，适时出台了一系列与实践育人相关的指导方针和政策措施，为高校实践育人在新时代的发展营造了良好的政策环境，提供了全方位的条件保障。政策的关键在于执行，每一项教育政策的出台，都寄托着一定的教育理想。但是，再好的政策都离不开执行和落实。高校要认真研究政策、吃透政策、落实政策，不能是一面高高举起、一面轻轻放下。

作为社会成员的一分子，大学生参加的任何一项实践活动都离不开良好社会环境的扶持，也离不开社会教育的参与。高校实践育人只有改变高校"单兵作战"的教育模式，开辟"三全育人"的新格局，积极营造"学校主导、家庭辅导、社会倡导"的良好社会环境，做到学校、家庭、社会各界勠力同心、协调配合，才能促使高校实践育人效果向着高质量发展。

互联网的开放性和共享性让信息网络时代的高校实践育人有了更加广阔的发展空间。然而，网络是一把"双刃剑"，网络信息鱼龙混杂，尤其是国内外一些别有用心的人士，以言论自由为借口，不断恶意煽动话题，颠倒是非黑白，破坏社会秩序。网络发展和监管过程中存在的种种问题，以及由此可能给高校实践育人带来的各种负面影响，使得营造风清气正的清朗网络环境成为抓好高校实践育人中教育环境这一要素的当务之急。

总而言之，实践育人要求高校在理论育人的基础上，将理论运用于解决实际问题的育人活动之中，让每一个教育要素都充分发挥实践育人的作用。在时间维度上做到"课前—课内—课后"三课一线的"全过程育人"；在空间维度上要做到"政策—学校—社会—网络"四位一体的"全方位育人"；在教育者维度上做到"党委—教学—科研—管理—学工"专兼合一的"全员育人"；在受教育者维度上做到各级各类实践活动全覆盖、一个都不少的"育全体大学生"。

三、我国高校实践育人的类型

(一) 专业实践活动

专业实践活动既是高校实践育人的重要环节，又是高校教学工作的重要组成部分，是学生学习并应用专业知识的重要途径。同时，专业实践活动又可细分为大学生课程实践、实习实训和就业创业活动等。

大学生课程实践是指大学生在任课教师的指导下，结合某一门具体课程，理论联系实际，将所学内容运用到社会生活中的一种学习实践活动。高校要立足人才培养目标，坚持以专业实践能力培养为主线，建立与课程体系相适应，体现教学与科研相结合，具有学科特色的课程实践体系。适时增加课程实践的学时，提高课程实践的学分。理工农医类本科专业实践学分比例要逐渐达到30%以上，人文社科类本科专业要逐渐达到20%以上，专科专业不少于50%，师范生实习支教不少于1个学期。积极推进实践教学改革，稳步提高综合性、开放性实践活动比例，引导大学生开展自主性实践活动。鼓励将科研成果与实践项目有机融合，鼓励各级各类科研平台、实验室向大学生开放。

大学生实习实训是把大学生直接安排到工作岗位上，在工作中学习，在真刀真枪的实际工作中检验大学生实践能力的一种实践活动。一般而言，大学生实习实训会根据不同专业的需要，采取集中与分散相结合的形式组织。大学生实习实训的顺利开展，有赖于校内外各方的共同努力，积极开展校内外实践协同育人，合作共建专业实习实训平台，推动师资与课程等资源共享。在大学生实习实训中，高校要加强对大学生毕业论文（设计）的指导，进一步提高毕业论文（设计）与社会实际、企业生产、教师科研或学生创新项目的关联度，实施全程监控，使大学生在知识吸纳、能力提升等方面均得到训练和提高。

大学生就业创业活动是高校帮助大学生在毕业之前做好职业生涯规划，树立正确的就业观、择业观和创业观，推动实现大学生毕业即就业、想创业即能创业而开展的实践活动。通过就业政策宣传、毕业教育、就业指导、校园招聘、创业孵化等形式，满足大学生就业创业的多样化需求，促进高校毕业生更加充分、更高质量地就业。大学生就业创业工作是"一把手工程"，高校要高度重视，拓宽校园招聘主渠道，搭建就业创业供需对接平台，优化供需对接方式，力促提质增效。在大学生就业创业活动中，高校努力做到毕业教育动心、就业指导入心、就业服务暖心、就业跟踪贴心，要精细精准帮扶就业创业困难群体，实施重点群体毕业生就业创业能力提升行动，确保工作落到实处。

（二）社会实践活动

社会实践活动是高校实践育人的有效载体，也是大学生理论联系实际、走进社会、服务社会的重要平台。与专业实践活动更强调大学生的专业知识和专业能力所不同的是，社会实践活动直接将大学生送进社会的"大熔炉"里，接受全方位的社会化训练，加速大学生的社会化进程，引导和帮助大学生在社会实践中提升综合素质。另外，在社会实践活动中也存在一定形式的专业实践活动，如实习、求职、就业、创业等，既属于专业实践，又属于社会实践，存在一定的交叉。但社会实践活动更强调大学生的综合素质和能力，例如，党的路线方针政策的宣传宣讲、社会调研、志愿服务、红色教育、挂职锻炼等，均是我国高校组织开展的大学生社会实践活动的主要形式。

大学生理论宣传宣讲活动通过选拔优秀大学生组建理论宣讲报告团的形式，走进学校、社区、村屯、广场，用带着青春气息的特色宣讲，向人民群众传播党的理论和路线方针政策。大学生理论宣讲服务团会把人民群众关心和关注的理论、政策、热点以通俗化、具体化、形象化的形式，如知识宣讲、文艺宣讲、图片宣讲、问答宣讲等，传播给人民群众，力求深入浅出、引人入胜。大学生理论宣传宣讲本身就是大学生自我教育的过程，充分发挥了大学生在实践中的主体性地位，让大学生变身为新时代精神的参与者、传播者和代言人，在培养大学生社会责任感的同时，也传递了"为学为人"的接力棒。

大学生社会调研是高校组织大学生就社会生活中的某一情况、某一事件、某一问题，深入实际、深入社会进行全面细致的调查研究，把调查研究得来的情况进行科学分析，以反映问题，揭示事物发展的规律，提出解决路径的一种社会实践活动。围绕大学生关注的社会热点问题，组织下乡实践或基层调研，用自己学到的知识、掌握的本领帮群众查找问题、分析问题、解决问题。这样的社会调研活动，既可以督促大学生走出教室，走向田间地头，锻炼动手能力，提升实践本领，又可以提升大学生的理论素养和科学研究能力。

大学生志愿服务活动是指大学生利用自己的时间、技能、资源和善心为社会提供非盈利、无偿、非职业化援助的行为。高校组织的大学生志愿服务活动的范围主要包括乡村振兴、环境保护、文明实践、关爱少年儿童、为老服务、阳光助残、卫生健康、应急救援与疫情防控、社区治理与邻里守望、节水护水、文化传播与旅游服务、法律服务等。大学生志愿服务活动使大学生获得了深入接触社会实际、真实了解与认识中国国情的极好机会，不仅丰富了他们的人生阅历，还增强了他们对社会的认识；不仅强化了他们的社会责任感，还激发了他们爱岗敬业的奉献精神。

大学生红色教育是高校组织大学生深入革命老区或红色教育基地，身临其境地感受革命先烈的英雄事迹，了解中国革命、建设和改革的历史进程和伟大成就，通过"看"（实地参观教育基地）、"学"（学习党的历史和革命文化）、"感"（在参观学习后撰写心得体会）相结合的方式，引导大学生树立科学信仰、坚定理想信念的一种实践育人活动。红色文化是物质文化与精神文化的统一体，无论是红色旧址、红色文物等物质层面的红色文化，还是红船精神、苏区精神等精神层面的红色文化，都蕴含着中国共产党人的坚定立场、顽强意志、光荣传统、优良作风和远大理想，彰显着党领导中华民族实现站起来、富起来到强起来的伟大飞跃的红色文化基因。这些文化基因，为新时代大学生提升党性修养、升华理想信念、传承优良传统提供了鲜活的教育素材，激励大学生自觉把个人的理想追求融入国家和民族的事业中，树立为共产主义远大理想和中国特色社会主义共同理想而奋斗的信念和信心。

大学生挂职锻炼是大学生到机关、企事业单位或基层任职，根据工作实际和所挂职务实际，履行岗位所要求的日常管理、科技推广、学习宣传、文化卫生等职责的一种实践育人活动。挂职锻炼可增强大学生在统筹城乡发展、推进社会主义新农村建设中的责任感和使命感，提升大学生服务基层、回报社会的能力。选派高校优秀大学生骨干到基层挂职锻炼，无论对青年大学生群体还是地方发展而言，都是双赢的选择，既可以使越来越多的大学生成长为服务基层的"排头兵"，又可以积极争取高校和社会资源为基层解决实际问题，助力基层经济社会发展。

（三）文体实践活动

文体实践活动是高校为培养德智体美劳全面发展的时代新人而开展的校内外文化艺术活动和体育活动的总称。在大学校园里，丰富多彩的文体活动是联系青年的纽带，也是丰富校园文化的催化剂，不仅可以活跃大学生活，还可以提升大学生的向心力和凝聚力，增进彼此的感情，促进大学生全面发展。高校组织开展的文体实践活动主要有学术科技活动、文化艺术活动、体育活动和社团活动等。

大学生学术科技活动是大学生在学校组织、教师指导下，自主参加的学术、科研、创新、创业类活动，其实质是对大学生科技实践与创新思维的训练。大学生学术科技活动在培养大学生创新精神、创新意识等方面具有重要作用。高校组织大学生学术科技活动的模式有：一是开放科研平台，申报科研项目，吸引大学生参与；二是举办学术科技类竞赛，如"挑战杯"大学生课外学术科技作品竞赛、大学生数学建模竞赛等都是深受大学生关注和喜爱的赛事；三是创建科技创新基地，整合资源，促进成果培育和可持续发展。

大学生文化艺术活动是高校为了培养有利于大学生健康成长的校园文化氛围，教育和引导大学生以勤于学习、善于创造、提升内涵的实际行动，发展特长，提升综合素质，培养大学生的创新意识、竞争意识和团队意识而开展的文化艺术类活动的总称。大学生文化艺术活动的形式较为灵活，有高校集中开展的"校园文化艺术节"，也有专项开展的音乐、舞蹈、诗词、书法、绘画、摄影、微电影等竞赛和展示活动。

文化艺术活动因题材多样、生动鲜活、寓教于乐，深受大学生的喜爱和欢迎。

大学生体育活动是指高校为提升大学生身体机能，增强大学生身体素质，培养大学生团结拼搏、永不言败的精神，树立大学生坚定的信念而在体育课之外面向大学生组织开展的各种体育活动。大学生体育活动的形式主要有广播体操、健身跑、运动会、球类竞赛、棋类竞赛、趣味运动会、军训等。

大学生社团是指大学生在自愿的基础上形成的各种群众性文化、艺术、学术团体。大学生社团应在保证大学生完成学习任务和不影响学校正常教学秩序的前提下开展各种活动。大学生社团活动的目的是活跃校园文化氛围，提高大学生自我教育、自我管理的能力，拓展兴趣爱好，丰富课余生活，增进人际交往，提升综合素质。大学生社团活动的种类丰富多彩，包括各种理论研究会、文艺社、棋艺社、影视评论社、摄影社、美工社、篆刻社、歌咏队、话剧团、篮球队、足球队、信息社、动漫社等结合自身实际开展的形式多样的社团文化活动。

（四）网络实践活动

网络实践活动是高校为适应信息社会对人才的需求，发挥网络文化滋养人心、凝聚力量的作用，推动大学生积极参与网络文化作品创作，增强高校立德树人的吸引力和实效性而开展的线上实践育人活动的总称。高校组织开展的网络实践活动主要有网络课程、互联网大赛、网络营销大赛、网页设计制作大赛、网络安全教育等内容。

大学生网络课程也就是线上课程，是课堂教学之外大学生利用互联网获取知识的一种学习方式。网络课程涵盖的专业非常广泛，从人文社会科学到自然科学，从应试课程到素质教育课程，五花八门，应有尽有，且质量参差不齐，这在一定程度上为大学生甄别适合自己的优秀网络课程增加了难度。辩证来看，网络课程对大学生的成长成才有利有弊。网络课程给大学生提供了便捷的学习条件，但在缺乏监管的情况下，大学生在网络课程中也容易出现学习态度不端正、上课不认真、敷衍了事等情况。

大学生网络技能竞赛旨在提高大学生的计算机网络基础及应用知识，培养大学生的动手实践能力，从而发掘出大学校园中的优秀信息化人才，推进国家信息化基础建设的进程。大学生网络技能竞赛一般分为微电影、动漫、摄影、网文、公益广告、音频、校园歌曲等单元，通过竞赛的形式达到以赛促学、以赛代训的目的，鼓励大学生进行网络创新，提高创新思维、网络技能、专业技能以及解决网络中的问题的实际能力，培养复合型、应用型的网络技能人才。

大学生网络安全教育是高校针对大学生在互联网上可能会出现的上网成瘾、游戏成瘾、购物成瘾、网络诈骗、网络贷款、"黑客"攻击、不良信息、网络谣言等进行的安全教育活动。长期有效的网络安全教育是高校培养大学生网络安全意识、强化网络安全责任、提升网络素质的重要举措，一方面，可以让大学生在心理健康、网络道德上得到科学的教育和引导，规范大学生的网络行为；另一方面，能提高大学生的网络应对能力，避免受到网络不良行为和不良信息的侵害。

第六章 高校思政教育实践育人背景下的文化育人

第一节 高校文化育人的运行机制

一、人化与化人互动机制

从文化生成的基础看，文化总是以人的主体性实践为基础，是人依照自己的目的和意愿"向文而化"（"人化"）。离开文化主体人的"向文而化"，文化便失去了可以生成的基础。人"向文而化"有两个向度：一是向外扩张，即按照"人"的发展需要和理想不断改变人的外部世界，使外部世界"人化"；二是向内完善，即按照"人"的发展需要和理想不断提升和完善自我，实现人自身的"人化"。其中，人自身的"人化"离不开文化的参与。无论是因为人作为一种历史性的文化存在，还是因为人作为世界不可分割的一个重要组成部分，人的提升与完善都离不开外部世界文化的孕育和影响，都要经历文化"化人"的历程。文化像人的血脉一样，贯穿在特定时代、特定民族、特定地域的总体性文明的各个层面中，以自发的、内在的方式左右着人类的生存活动。从这个意义上讲，"人化"与"化人"共同构成了文化生成的基础，二者均不可或缺。

从文化生成的历程看，文化是在"人化"与"化人"的双向历程中生成的。人创造文化，文化也塑造人。人与文化是一种双向构建的关系，这种关系主要体现在两个方面：一方面，是人"向文而化"，简称"人化"，即人通过社会实践，将外部世界对象化，创造出丰富多彩的文化。人将外部世界对象化的过程，实际上就是人"向文而化"的过程。人在"向文而化"的过程中创造文化、发展文化。另一方面，是文化"化人"，即人在外部世界文化的孕育下不断发展、提升。在文化化人的过程中，看似没有直接创造新的文化，但是促进了新的文化主体的生成，为进一步的文化创新发展奠定了基础。从这个意义上讲，文化生成于"人化"与"化人"的双向历程中，是人与文化相互构建的结果。

　　文化生成的内在机制体现在"人化"与"化人"的互动过程之中，这一互动过程就是"人类文化的原初生成和当代生成的共同规律"。"人化"与"化人"，作为文化生成的双向历程，二者彼此交融、循环往复、互生互动，文化就是在二者永不停息的双向互动中不断地生成着、发展着。

　　高校校园文化与文化主体在高校校园文化育人功能发挥中存在相互作用的关系。从高校校园文化的形成与发展来看，它是高校师生员工在办学实践中共同创造的。而高校校园文化一经形成，便会以文化的方式作用于人自身，对人产生正面或负面的影响。因此，高校校园文化育人功能发挥遵循着"人化"与"化人"的互动机制。

　　高校校园文化育人功能发挥的实践过程中，一方面，高校人作为实践活动的主体，在实践过程中以育人目的为指引，将外部世界对象化，创造出丰富多样的文化成果。在这一过程中丰富和发展了高校校园文化，有意识地创建了有利于育人实践开展的文化环境，实现了"人化"过程。另一方面，文化育人包含着以文化人的含义，人们创造了文化，文化也在塑造人。从高校校园文化育人功能发挥的内容来看，高校精神文化作为其重要内容也发挥着价值涵养和文化熏陶的重要作用。高校精神文化体现了高校的办学理念与价值追求，是高校在长期的办学实践中多重因素相互融合的结果，是高校校园文化的精髓，也是高校赖以生存和发展的精神动力。高校精神文化所包含的以学术创新精神、学术诚信意识、学术责任意识、学术合作精神为内容的高校学术精神，以及以人为本的教育理念，在很大程度上体现了高校的人才培养理念和文化价值取向，是高校营造校园氛围、塑造价值理念的集合体，也是高校规范师生言行，引导大学生在学术生活中进行正确的价值选择和价值判断的重要力量。

　　高校校园文化具有"在而无在"的特征。大学生受到高校校园文化氛围的长期熏染，能够在不知不觉中受到影响，潜移默化地完成自身思想观念的转化。而高校校园文化育人功能发挥的前提是良好校园文化环境的建设。从这个意义上讲，高校校园文化育人功能发挥实质上是"人化"与"化人"双向建构的过程，文化育人的价值，就是在"人化"与"化人"的互动机制中得以实现。

　　从"人化"与"化人"的互动机制可知，实施文化育人，要着重从两个方面下功夫：一是加强社会主义先进文化建设，在具体的文化育人活动中，就是加强承载社会主义先进文化的文化载体建设，以增强文化化人功能；二是加强人的主体性建设，促进人的全面发展，以增强人在发展社会主义先进文化过程中的本质力量，即提升"人化"水平。

二、文化认同机制

　　文化认同，就是指对人们之间或个人同群体之间的共同文化的确认。使用相同的文化符号、遵循共同的文化理念、秉承共有的思维模式和行为规范，是文化认同的依据。第一，文化认同区别于国家认同、民族认同，是对自身文化身份的确认，三者之间虽然有重合，但立足点不同，国家认同和民族认同在一定程度上是对国家和民族文化的认同，但文化认同并非局限于国家和民族范围内。第二，作为认同概念在文化上的扩展，文化认同一方面是对自我文化身份的确认，是由"我"向"我们"的转变；另一方面，也是对"我"及"我们"与"他者"文化的区分。第三，在文化认同的强大驱动力下，归属于某一文化团体的人往往对自身文化具有强烈的认同感、自豪感及归属感。大学文化认同是指大学师生对高深知识传承、发展、创造过程实践中形成的、共同享有的思想观念、行为规范和生活方式实现确认、认同的过程。

文化育人强调以文化人，强调文化知识内化为个体自身的思想、情感及行动中的文化自觉。在这一过程中，起至关重要作用的是主体的文化认同。所谓认同是指个体人对个体之外的社会意识的价值和意义在认知和情感上的趋同，并促使个体自觉行为的一种心理倾向。认同可有多种指向，如民族认同、国家认同、文化认同等，其中，文化认同是最深沉、最持久的力量，处于最核心的地位。文化认同是指对一个群体、一个民族、一个国家文化身份的认同感，它是一种肯定的文化价值判断，文化认同中的文化理念、思维模式和行为规范，都体现着一定的价值取向和价值观。文化认同，对个体人而言，是个体人进行文化内化并形成自身文化价值观的重要前提；对于国家和民族而言，是增强民族凝聚力的精神纽带，是民族共同体生命延续的精神基因。

文化认同在先进文化和受教育主体——人之间扮演着非常重要的角色，它是文化价值由先进文化客体向文化主体人转移的中转站，是实现文化价值客体主体化的必要条件，也是文化育人功能得以实现的前提和基础。

文化认同分为外显认同和内隐认同，二者之间既相对独立，又紧密联系、相互促进。外显认同能够促进内隐认同的发展；反之内隐认同也能促进外显认同的发展。一般而言，文化在人的心理内化过程中，是遵循从外显认同到内隐认同的秩序构建的。作为文化内化的前提，文化认同是个体思想形成的重要基础。

文化认同机制，蕴含于个体对文化的外显认同和内隐认同过程之中。外显认同是个体对一种文化价值的明确认定与选择，它是个体态度转变中一个至关重要的环节。按照社会心理学的观点，个体态度的转变分为"服从""认同""内化"三个阶段。其中，"服从"是迫于外在压力或权威而表现出来的短暂性顺从。服从并不意味着认同，它只是表面上的顺从并且很容易改变。"服从"是个体在外部压力下对"你要我怎样做"的一种形式上的配合。"认同"是"服从"的进一步深化，表示个体不再是被动地服从，而是从内心开始主动认可和接受一种文化价值，体现出个体自我的价值判断和价值选择，但这种价值判断和选择只是发生在思想观念层面，还没有内化为自己的行为习惯，也较易因外界影响而发生变化。"认同"为"内化"奠定了基础，使"内化"具有了发生的可能。"内化"是认同的进一步深化，是个体对某种文化价值认同的固化性结果。所谓固化性，主要是指一种文化价值经个体内化之后，转化为个体相对稳定的行为、信念，并在实践中以持续一致的方式得以显现，表现为个体相对固定的思想行为习惯。"内化"是个体心理态度转变的最终体现，它不再是"你要我怎样做""我接受你的观点"，而是"我要怎样做"，是个体主体性的体现。

总之，个体态度转变的过程是一个从"你要我怎样做"向"我要怎样做"转变的过程，是一个由被动服从向主动践行转变的过程。在这一过程中，外显认同强调个体明确而自主的价值判断和选择，强调对社会主导文化价值观念的积极认同。它是个体态度转变的关键性环节，既为改变个体被动"服从"的状态提供了心理基础，也为接下来的文化"内化"提供了心理上的驱动力，并使三个环节由前至后逐步深化，有效承接，形成联动，在促进个体态度转变的过程中发挥着至关重要的机制性作用。

内隐认同是个体对外在观念影响的一种接纳方式，也是个体认知与学习的一种重要方式。多数情况下，个体对外部的影响是在不知不觉、潜移默化中自然接受的，具有影响发生的内隐性，即内隐认同。内隐认同的内隐性在于个体思想观念的更新、发展变化都是以潜隐不显的、个体不知不觉的方式进行的。通常情况下，外在观念在个体身上发生的影响作用，以及个体文化价值观念的习得与养成，大多是以内隐认同的方式进行的。可以说，个体思想形成的过程在很大程度上是个体对发生影响的文化之内隐认同的过程。内隐认同作为个体思想形成的重要机制，在个体接受外部文化影响的过程中发挥着重要作用，对个体行为的选择也起着决定性作用。

个体对外部文化价值的判断和选择，是文化认同的重要结果。作为个体思想形成的重要机制，文化认同是外显认同和内隐认同的综合体现。虽然说个体对外部文化的接受，以及个人思想的形成，多数情况下是潜移默化、非自觉的，是内隐认同的结果，但外显认同作为个体认知和学习的一种重要方式，在人的思想形成过程中不可或缺。个体对外部文化影响的接受，不是仅凭单一的外显认同或内隐认同就能实现的，而是两种认同机制共同发生作用的过程。从这个意义上讲，无论是文化外显认同，还是内隐认同，都是个体思想形成的重要机制，都在文化育人过程中发挥着不可或缺的作用。实施文化育人时对外显认同和内隐认同应该予以同样的重视。

三、文化内化与外化机制

内化是将看、听、想等思维观点经过内证实践所领悟出的具有客观价值的认知体系。内化通过"同化"和"顺应"两种机制来完成。校园文化的内化是校园文化向内传递价值观和精神理念的过程，包括组织层面的内化、群体层面的内化等。外化是一种个人体会到他一生中的重大影响来自外部作用的感觉，个人不再为自己担负任何责任，因为"它"或"它们"引起了这个人的行动。外化是指将发生在个人身上的一切事情的原因均归于"外部"，而不归于他们自身，这种人就被称为外化的个体。内化，是将教育者传授的思想政治教育的内容（社会发展所需要的思想品德）转化为受教育者自己的个体意识（认识）的过程，是由外（社会发展需要）向内（个人精神世界）转化的过程。外化，是受教育者将内在的个体意识（新思想道德认识）转化为外在的实践行为的过程，是由内（思想道德认识）向外（行为实践）发展的过程。

人的文化价值观不是与生俱来的，而是在后天的学习生活中逐渐习得的，它有一个文化内化与外化的过程。文化育人作为一种思想政治教育实践，其受教育者对文化的习得也有一个过程。其中，文化内化与外化是不可或缺的两个基本环节。

文化育人的过程实质上是文化的思想政治教育价值"客体主体化"的过程。文化育人的核心目的是利用文化的思想政治教育功能培养人、塑造人，重在追求文化的思想政治教育功能的实现。这一功能实现的过程，实际上就是文化价值的"客体作用于主体，对主体产生实际的效应，这个过程是主客体相互作用中的客体主体化过程"。它不是价值从无到有的过程，而是从"可能"到"实现"、从"潜"到"显"、从"客体"到"主体"的过程，归根结底是文化价值"客体主体化"的过程。

文化育人中文化价值"客体主体化"的过程，不是简单的客体作用于主体的过程，而是主客体相互作用的过程。这一过程由文化内化与文化外化两个基本环节构成，是一个从文化内化到文化外化，再到更高层次的文化内化和文化外化的周而复始的发展过程。文化内化，是文化中所蕴含的思想政治教育相关的思想、认识、政治、道德等内容，为受教育个体所接受，并转化为个体相对稳定的思想价值认知、情感、信念等内在意识的过程。文化外化是受教育个体将内化形成的思想价值意识和动机转化为外在的思想品德行为，并养成良好行为习惯的过程。

经过文化内化与文化外化两个环节，文化中所蕴含的思想政治教育价值，从受教育个体之外的价值客体，到被个体接纳吸收成为其自身的价值观念，再到经个体价值观趋动转化为外显的思想品德行为，实现了从客体到主体的转移。这一过程就是文化的思想政治教育价值"客体主体化"的过程，也是受教育个体思想政治品德形成发展的过程。

文化内化与外化二者辩证统一，关系十分密切。首先，二者是内在统一的。它们都以思想政治教育实践活动为基础，以良好的育人实效（塑造人的良好素质，使人养成良好的行为习惯）为目的。其次，二者是相互依存、互为条件的。文化内化是文化价值输入，即将外在的文化思想意识转化为个体内在的文化思想意识，使人形成新的思想，它是文化外化得以发生的前提和基础。而文化外化是文化价值输出，即将个体的文化思想及动机转变为外在的文化行为，使人产生新的行为，它是文化内化成果的外在体现，是内化的目的和归宿。没有外化，内化也就失去了存在的意义。最后，内化与外化之间是相互渗透、相互贯通的。在内化过程中，思想认识离不开行为实践；在外化过程中，行为实践也离不开思想认识的驱动和指导。二者不是凝固僵死的，而是在一定条件下互融互动、相互贯通、相互转化的。

文化内化与外化是思想政治教育过程中实施教育的两个重要阶段。在文化内化阶段，教育者要运用一定的文化载体，将特定的思想政治教育内容传递给受教育者，使受教育者从中自主选择和汲取其文化思想价值，并形成个体内在的文化思想意识。在文化外化阶段，教育者要帮助和促进受教育者把自己内化形成的文化思想意识自觉地转化为外在的思想品德行为，并养成相应的行为习惯。在这两个教育阶段，教育者的教育主体作用十分重要，没有教育者的教育设计、安排与推动，思想政治教育意义上的文化价值内化和外化将无从实现，文化育人也无从谈起。因为只有经过内化与外化，文化育人的成效才能得以展现。从这个意义上讲，文化内化与外化也是文化育人的两个基本环节，在文化育人中都不可或缺。

高校校园文化育人功能发挥是教育者的文化引导与大学生的自我教育共同作用的实践过程。一方面，教育者将教育内容融入高校校园文化建设，利用高校校园文化的育人功能对大学生进行文化价值观引导。教育者能够利用其主导地位，将时代内涵与时代精神融入高校校园文化，从而达到培养大学生正确价值观念与思想品质的育人目的。教育者是高校校园文化育人过程中的主导者，对文化载体的选择、文化环境的优化起着主导、引领的作用。另一方面，大学生具有主体意识，能够在高校校园文化育人功能发挥的过程中主动学习，自觉接受文化影响，进行自我教育。高校校园文化育人功能的发挥，必须充分考虑大学生在其中的主体地位与能动作用。首先，在高校校园文化育人功能发挥的过程中，只有当教育者通过文化载体传导的教育信息被大学生个体选择接受并内化为个人意识，其育人功能才得以真正实现。所以，大学生在高校校园文化育人过程中发挥主动性，形成文化自觉，是这一过程的关键环节。其次，大学生知识丰富、思维活跃、富有朝气、接受能力和创造能力强，是进行高校校园文化创新的主要力量。调动大学生的创造力和创新思维，对于提高各种文化活动的新颖性与吸引力有着重要作用。所以，高校校园文化育人功能的有效发挥，需要充分培养大学生的主体自觉与创新意识。

四、感染与模仿机制

感染是人的情绪情感被唤起和强化，从而对某种心理状态产生无意识的、不由自主的服从的心理过程。人与人之间、人与群体之间、人与文艺作品及环境之间等，都可以产生感染作用。在校园文化活动中，常常有各种演讲会、音乐会、文艺会演、体育比赛、舞蹈比赛、各种技能比赛、图片与美术展览等，这些活动所造成的群体心理状态，尽管没有任何组织的压力，也会使学生的情绪情感自然地受到影响，并不知不觉地产生相应的行为表现。受到感染的学生个体所表现出来的情绪情感状态，反过来又会影响其他学生的心理，从而使某种情绪情感状态获得扩散和强化。这样多次反复感染的结果，使每一位学生无形中受到一定强度的心理影响。

由于校园中师生所处的情境相似，态度与价值观比较接近，因而相互感染的作用较大。若校园文化活动的性质是积极、健康向上的，往往易于在校园内造就愉快、相互信任、和谐、奋发向上的心理气氛，而消除浮躁、忧虑、猜疑等消极的心理状态，这样，校园文化通过感染机制而对学生发挥的教育作用是十分明显的。在校园中，人与人之间相互交往的方式及生活环境对人产生的感染也是值得注意的。比如，学生在相互交往中，友善、诚挚、信任的态度，可以满足对方的心理需要，使其产生愉快、亲近的反应；而冷漠、高傲、怀疑、憎恨的表情，则易使对方产生烦恼、气愤的情感体验，结果对方受到感染也以类似的态度回敬，进而影响了相互间的关系。此外，整洁、宁静的生活与学习环境，可以令人心绪安宁、身心愉快，而杂乱脏臭的环境则令人心烦意乱。无论是良好的心境还是消极的情绪状态，都会因相互感染而在学生中产生类似的心理反应。所以，在校园中培养团结和谐、相互尊重与信任的人际关系，创造整洁、优雅的校园环境，能够使校园心理文化中的感染机制产生更积极的效果。

模仿是个体在无外在压力的条件下，受他人的影响，并仿照他人、再现他人的一些外部特征、行为方式及姿态、动作、行为等的一种社会心理行为。模仿是个体适应社会生活的重要途径，是学习的基础。模仿的发生是自觉自愿的，有时是无意识的，个体没有任何受迫感。通过模仿不仅可以形成活动的一些技能、方式，形成精神价值（思想、兴趣、风格），还会使群体成员在态度、情感和行为上的一致性得到提高，从而增强群体凝聚力。

模仿者一开始可能不具有被模仿者的特点，但随着模仿过程的持续，模仿者身上会出现越来越多被模仿者的特征。被模仿的对象能够感动模仿者，是受模仿者尊敬的人，或具有模仿者所喜爱的行为特征，从而为模仿者所认同，并产生归属于其中的心理愿望，模仿随之而来。模仿者通过模仿感觉到人格或才华的提升，体验到分享他人成功的快乐。名师出高徒是模仿这种心理机制结出的硕果。在校园中各种英雄模范人物、教师、干部、榜样群体及周围学生的行为，均可引起学生的模仿，而且越是有影响、有地位的人，越容易引起学生的模仿。首先，教师容易成为学生的模仿对象，教师的道德品质、文明修养、治学态度、生活方式及对日常社会现象的态度，都会通过学生的模仿而对学生产生潜移默化的影响，有的甚至影响终生。其次，学校的领导者、管理者、各类职工的一言一行也可能成为学生的模仿对象。最后，同寝室生活的同学、同班学习的同学、参加社团活动的同学，由于经常接触，相互模仿的机会更多，因而同学之间的模仿是校园内模仿的重要方面。在校园文化建设中，学校社团活动为学生提供了无意识地向优秀者学习的平台，其所产生的影响也更为广泛。

在文化育人实践中，教育者不明言施教，而是借助各种文化实践活动，间接地传递思想政治教育信息，感染教化受教育者。文化育人强调利用先进文化育人，而先进文化不是独立、抽象地存在的，它总是以丰富多样的形式具体地存在于某些特定的文化载体之中，融于个体所处的文化环境之中。个体对先进文化的感知和接受也多是发生在某些特定的文化情境之中，是在特定文化情境中受到文化熏陶和感染的结果。

感染是个体对特定文化情境中的思想政治教育信息自觉地产生共鸣，并受到心灵上的洗礼与触动，其实质上是一种情绪、情感及认识上的交流和传递。感染是教育者通过一定的文化情境来影响受教育者的方式，它作为一种教育教化机制，在文化育人实践中发挥着重要的作用。通过感染的教育机制，教育者能够通过某种方式引起与受教育者相同的、符合思想政治教育要求的情感、认识和行动，受教育者能够无意识、不自觉地接受一定的思想政治教育施教。

教育者运用感染机制的目的是要使受教育者的思想认识得到提升、行动得到优化。而这一目的的实现，还需要受教育者能动地参与。模仿是人类社会学习的重要形式，是受教育者接受"感染"刺激所做出的一种类似反应的行为方式。"模仿"与"感染"相伴而生，二者都是文化育人实践中的重要教育机制。

在文化育人过程中，模仿是受教育者政治思想品德习得的一种重要方式，也是一个观察性学习的过程。班杜拉提出模仿或观察性学习是一个过程，即"一个人观察他人的行为，形成所观察到的行为的运作及其结果的观念，并运用这观念作为已经编码的信息以指导他将来的行为"的过程。从社会学习理论的角度，模仿作为受教育者对某些刺激有意无意的行为反应，它不是通过教育者的命令而强制发生的，也不受教育者所控制，受教育者所表现出来的行为，大多数是通过有意识或无意识的模仿而习得的。模仿的内容也非常广泛，它"不仅限于行为举止，而且包括思维方式、情感倾向、风俗习惯及个性品格等"。但在以思想政治教育为目的的文化育人实践中，教育者通过对施教"文化情境"的选定或创设，使对受教育者的"感染"有目标、有方向，进而间接地掌控着受教育者对"感染"刺激所做出的模仿性行为。从这个意义上讲，在文化育人过程中，受教育者的模仿行为是无意识的，但其模仿内容是经教育者特定的，模仿的过程也是受教育者间接地控制调节的。

从总体上看，文化育人的过程，是教育者借助文化的载体对受教育者施以思想政治教育的过程。在这一过程中，教育者通过特定的文化情境"感染"受教育者，受教育者接受"感染"刺激后，经过观察学习和模仿，习得相应的政治思想品德，进而实现教育者施教的目的。文化育人是以润物细无声的方式进行的，是教育者通过有目的的文化"感染"，引发受教育者有意无意的文化"模仿"，并对受教育者产生潜移默化的影响。在文化育人的过程中，"感染"与"模仿"二者前后承接、相互贯通，共同为思想政治教育的"文化价值客体"与"受教育者"建立起有效的文化交流与传递渠道，对实现文化价值"客体主体化"起着重要的机制性作用。

由"感染"和"模仿"机制可知，实施文化育人，既要发挥教育者的主导作用，增强他们对文化育人活动的整体安排及调控能力，如选择运用文化载体的能力、创设文化情境的能力、预判受教育者文化模仿的能力等，又要发挥受教育者的主体性作用，为促进受教育者的模仿创造有利条件。

第二节　高校文化育人的路径选择

高校文化育人的开展要根据高校文化育人存在的问题及其原因，因地制宜地提出解决对策。创新文化育人的模式，推进"十大"育人体系协同育人，健全文化育人体制机制等优化对策，为高校今后文化育人工作的开展提供智力支持和对策方案。

一、丰富文化育人内容

（一）开展中华优秀传统文化育人活动

积极优秀的文化是文化育人的源泉。高校开展文化育人工作要符合高校的实际发展需要，实事求是、因地制宜。因此，对于文化的内容要有所甄别、有所选择。高校要充分发挥中华优秀传统文化、革命文化、红色文化、社会主义先进文化对大学生的文化引领和育人功能。同时，优化文化育人活动的内容和方式，促进高校文化育人工作的开展。中华文化源远流长、博大精深，要充分发挥中华优秀传统文化的积极作用。对中华传统文化批判继承，古为今用，取其精华，去其糟粕，不断推陈出新、革故鼎新。中华优秀传统文化内容凝聚中国精神和中国力量，促进人们精神境界的提高，给人以启发和灵感，要在中华优秀传统文化活动中创造新文化，保持文化内容的生机活力，与时俱进。高校要积极开展中华优秀传统文化育人活动。在态度上，要重视中华优秀传统文化内容，对中华优秀传统文化的活动开展，不能避重就轻。在文化活动中注意仪式的表达，如端午节划龙舟，元宵节吃元宵，清明节扫墓、踏青，中秋节赏月等，发挥仪式对人的教化作用。在文化继承上，不能一味继承，要有所选择，要取其精华，去其糟粕。在文化育人的实践活动中检验文化的正确性和真理性。在文化活动中创新中国传统文化的育人方式和方法，开展新颖有趣、大学生喜闻乐见的传统文化育人活动，将自主权和创新权交给学生，由大学生自发设计文化活动，教师负责指导和帮助。通过课堂授课、观影观剧、实践参观等形式，让中华优秀传统文化进入大学生的头脑中，根植到大学生成长成才的全过程，让中华优秀传统文化深植于高校文化育人的实践中。

（二）开展革命文化红色文化育人活动

革命文化、红色文化闪耀着价值的力量，是一个民族的价值传承，具有强大的爆发力、凝聚力。当前大学生生活在多元开放、融合互通、和平稳定的年代，对于革命文化不能直观了解，只能在影视作品、书籍期刊中有所感受，对于红色文化也没有更深刻的直观感受。

高校要深入开展革命文化、红色文化育人活动，充分发挥革命文化和红色文化的积极力量，掌握革命文化、红色文化的文化历史，帮助大学生塑造人生价值。高校优化革命文化、红色文化育人活动，把大学生由剧外人向剧中人引导，鼓励大学生参观革命老区、重走长征路、参观红色基地、重新体验老一辈革命者和无产阶级战士们的革命精神。通过理论学习和实践活动帮助大学生感受革命文化和红色文化带给大学生的精神震撼和人生启迪。同时，继承革命文化、红色文化是大学生义不容辞的责任。在文化育人过程中，要引导大学生学习和体验革命文化、红色文化，继承和弘扬革命文化、红色文化，提高大学生的人生价值和人生境界。

（三）开展社会主义先进文化育人活动

高校开展文化育人的内容要站在时代的前列，符合历史发展的潮流，符合中国特色社会主义实际。高校开展的文化育人内容要保持与时俱进并不断推陈出新，开展的文化育人内容要始终站在时代前列，并在社会实践中检验先进文化的正确性。这要求人们在心理上坚持文化自信，在信念上坚持社会主义发展方向，在实践中不断践行和检验文化育人的内容。先进文化是一种稳定的意识形态，在社会形态里处于稳定地位，不会轻易改变，因此要更加坚定社会主义文化自信和文化信念。开展社会主义先进文化育人活动，有助于人们进行价值判断和价值选择，促进社会进步。对人们进行规范和指导，并从文化内容的源头上严格限制，引导人们全面发展，帮助人们形成正确的价值观。

社会主义先进文化体现着社会主义国家的文化特色，社会主义先进文化由人民创造，文化成果由人民共享，为人民服务。近年来，党和国家进入新时代，主要矛盾和主要任务都发生了变化。社会主义先进文化要始终服务国家的文化需要，高举习近平新时代中国特色社会主义思想伟大旗帜，为全面建成小康社会、全面脱贫攻坚贡献出文化的力量。高校开展社会主义先进文化育人活动，要充分发挥社会主义先进文化的育人作用，坚持社会主义核心价值观的主流价值方向不变，坚持党对教育事业的领导不动摇，学习贯彻党的教育方针和政策，将先进文化融入大学生的日常生活和学习过程中。不断创新文化育人方式和方法，让大学生在新颖有趣的文化育人活动中，感受到社会主义先进文化带来的魅力及价值认同。

二、教育主体合力开展文化育人活动

（一）健全文化育人体制机制

高校要不断健全文化育人体制机制，确保大学生顺利参加文化育人活动，调动大学生参与文化育人活动的积极性。高校通过健全和完善奖惩机制、监督机制、保障机制、长效机制保障文化育人工作顺利展开。高校文化育人体制机制要与时俱进，紧跟时代步伐，贯彻党和国家的发展要求，不断健全和完善文化育人体制机制。

首先，学校成立专业部门，设立专业化队伍，对人员进行统筹规划和具体分工，明确专业化队伍职责，以便更好地完成体制机制的建立。其次，完善和健全体制机制的条例条规，不断总结经验，不断整理和完善，形成规范文件或者纸质说明，让体制机制有法可依、有规可守。再次，规范体制机制的实施过程、实施环节和具体操作，让每一个环节、每一个步骤、每一个过程都在体制机制的监督约束下顺利完成。特别是要加强不同学院、不同专业、不同年级之间的文化育人的协作，尤其是加强文、理学院之间跨院联合开展文化育人活动；让理工类与文法类之间，让农林类、经管类、理工类、文法类及其他专业之间联合开展文化育人活动，侧重理工类、经管类学生对文化育人了解较少的个体差异，加强理工类、经管类学生的文化育人活动；让不同年级之间因地制宜地开展文化育人活动，同时侧重大一学生对文化育人了解较少的个体差异，加强对大一学生开展文化育人活动。及时监督和指导，不断检验体制机制的规范是否达到预期效果。最后，总结先进经验和先进典型，顺应党和国家对文化育人的发展要求，紧跟时代步伐，站在时代前列，不断健全和完善体制机制，确保文化育人工作的顺利展开。

（二）推进"十大"育人体系协同育人

思想政治教育的育人方式多种多样，文化育人是思想政治教育育人方式的一种。高校要想开展好文化育人活动，还需要其他育人方式综合参与。发挥课堂育人、实践育人、网络育人和其他育人方式的特点与优势，结合高校文化育人的内容和要求，以及文化特有的潜移默化、持久深远的隐性育人特点，以文育人、以文化人，达到理想的育人效果。

"十大"育人体系的综合运用，并不是各种育人方式的简单相加，而是把"十大"育人体系看作一个有机整体，每种育人方式都是其中的重要组成部分，"十大"育人体系综合利用，优势互补、密切配合。在尊重思想政治教育育人规律的基础上，主体对客体施加有目的、有计划的影响，培育大学生达到符合国家要求的思想道德水平。同时，文化育人相关概念、功能目标、先进经验、创新模式的研究，对其他育人方式的理论和实践研究具有借鉴意义。我们要促进高校文化育人工作的开展，推进"十大"育人体系协同育人。

（三）创新文化育人新模式

高校文化育人模式创新，是今后高校文化育人活动开展的重要方式。高校文化育人工作开展需要多部门、多平台合力完成，需要高校不断创新文化育人形式，扩展文化育人领域，发挥线上线下育人优势，健全文化育人体制机制，促进高校文化育人模式创新。文化育人活动的展开需要多部门合力推进，这既需要学校、学院主管部门，也需要社团组织，高校的思政课教师、社团辅导教师、各班级党团支部、辅导员队伍和其他管理部门的教师合力完成。多部门合力开展借助多渠道、多形式、全领域的文化育人活动，以取得良好的育人效果。这既能增强文化育人的实效性和落地性，也能促进文化育人的价值实现和途径实现。

开展多平台的文化育人活动，发挥"传统课堂+学校主管部门+学院主管部门+社团组织+党团支部+辅导员队伍"的优势，实现多平台合力开展文化育人活动。学校形成相关文件，各平台达成育人共识，从思想上赞成高校文化育人工作的开展并积极主动落实。各平台加强交流和合作，定期开会交流，组织研讨会并加强外出学习，增强自身能力和团结协调能力。几个平台、多个平台试点开展文化育人活动，各自发挥平台优势兼顾分工合作，总结先进经验，更好地开展文化育人活动。部门垂直化管理，实现学校—学院—辅导员—社团组织—党团支部—传统课堂垂直化管理，保障信息的有效性和及时性，各部门加强横向交流和协作，及时沟通并反馈意见。

开展多形式的文化育人活动，开展"课堂授课+课外活动+实践参观+观影观剧+读书观后感+多媒体线上交流"等形式的文化育人活动，并不断创新文化育人活动形式，调动大学生参与文化育人的积极性和主动性，让文化育人活动更接地气、更有生机和活力。突破课堂育人、实体媒介育人的局限，创新文化育人形式，不断向课外、校外、户外扩大实践范围，提高实践参观的频率，让大学生在实践活动中切实感受到文化育人的魅力。学校加大资金保障力度，更新媒介载体，多利用形式多样、科技含量高的媒介载体，让实践形式更加生动活泼。课上课下不断丰富文化育人形式，结合时代潮流、媒介潮流、网络潮流、生活潮流，让文化育人活动既富有时代价值又更加贴切学生实际、更加饱满接地气。

开展全领域的文化育人活动，通过"全学科+全内容+课内课外+校内校外"的综合育人，影响学生学习和生活的方方面面，对大学生全领域实施文化育人。文化育人的开展不能只依赖于思政课，还需要各学科通力合作。各学科教师要在意识上实现相互认同，在实践中互相配合。各学科教师加强理想信念教育，提升教育者的引导能力，将文化育人的相关概念及相关内容渗透到学科的课程体系当中，让文化育人的内容渗透到全学科的覆盖范围内，实现全学科文化育人。同时，各学科内容上不能局限或偏颇，文化育人内容涉及学科教学的全过程，不能只侧重于某一个章节，而忽视了其他几章，加强学科各章节文化育人内容的关联性。同时，课内课外、校内校外也要加强文化育人活动。课内要加强文化育人的理论学习，课外要加强文化育人的实践活动。学校要组织学生走出校园、走向社会，拓宽学生的眼界，更好地开展文化育人工作。

开展线上线下互动，通过"课堂+多媒体+互联网+校园环境"综合开展高校文化育人活动。高校文化育人开展涉及多个因素的交叉运用，线上线下加强交流。充分利用互联网、多媒体、大数据等优势，将先进的文化育人理念、事迹通过互联网、多媒体加以分享，促进育人工作者的学习和交流。突破传统课堂的局限性，充分利用网络媒体，打破空间和时间的局限，实现跨领域、跨时间、跨地域的学习和沟通。学生可以通过互联网分享和交流个人感受和想法。教师可以通过网络媒体对大学生进行指导和点评，帮助大学生更好地学习文化育人理论，帮助高校更好地开展文化育人工作。加强校园精神文化环境建设，充分利用互联网、多媒体的宣传和传播作用，强化校园环境对大学生的积极影响。让校园环境更加丰富多彩、沁人心脾，促进高校文化育人工作的开展。

完善和健全高校文化育人的体制机制，完善和健全奖惩机制、监督机制、审核机制、长效机制。高校文化育人工作的开展，需要体制机制作为保障。高校应设立专业化部门，并建立相应的人才队伍，保障高校文化育人体制的实施。完善规章制度和条规条例，规范实施过程中的每一个环节、每一个步骤，让高校文化育人工作在阳光下进行。

高校文化育人涉及多个因素的交叉运用，每一个因素不是只使用一次，而是交叉运用、多次使用。高校文化育人的模式创新不是文化育人各元素的简单相加，而是多平台、全领域、多方位、多人才融合互动和协调配合的结果，高校应辅之以权威有效的监督机制、审核机制、奖惩机制和长效机制，从而形成高校文化育人的创新模式，促进高校文化育人工作的开展。

三、调动大学生的参与积极性

（一）坚定文化自信引导大学生

高校文化育人工作的开展有特定的目标人群，是对大学生进行文化育人工作。大学生是否愿意主动参加是高校文化育人工作的关键。提升教育者的引导能力，坚定文化自信，将社会主义核心价值观融入文化育人活动中，是调动大学生参与积极性的解决方法。大学生在大学阶段正处在成长成才的关键时期，在这个思想水平逐渐成熟和人生观、价值观逐渐形成的时期，大学生应该坚定文化自信。坚定文化自信，首先要坚持民族的文化认同，根本要坚持文化的科学发展，关键要坚持文化成果由人民共享。

首先，中华文化源远流长、博大精深，其中每一种民族文化都有自己的属性和特色，不应该歧视任何一种民族文化，而应该平等看待，主动接受，发自内心地认同。认清当今国际文化的发展趋势，抵制糟粕文化的入侵，坚定文化自信。其次，中国特色社会主义文化要坚持以马克思主义理论为指导，以中国特色为实际，开展中国特色社会主义文化。尊重中国特色社会主义文化的发展规律，用科学的方法指导文化发展。不能任由文化放任自流，要坚定文化理论和发展方向，坚定文化自信。最后，社会主义文化归根结底是为人民服务的，是由广大人民群众创造的，并由广大人民群众共享。文化不是某一个人的特有品，每一个人都有权享受文化育人带来的文化成果。

坚定文化自信，能建立大学生的文化自信心和民族自豪感，促进大学生积极参加文化育人活动。

（二）提升教育者能力引导大学生

大学生受思想意识和接受能力的影响，在文化育人过程中往往处于被动接受的状态，因此需要教育者加强对大学生文化育人的引导。高校教育者具有引导大学生成长成才与培养大学生价值观的责任和使命。

首先，对大学生价值观和意识的引导，要求教育者坚定社会主义方向和社会主义核心价值观，定期参加培训和学习，如果教育者自己理想信念不坚定，那么他们培养的学生也自然无法从根本上坚定社会主义核心价值观和社会主义意识。其次，提升教育者的科研能力和科研水平，加大对教育者文化育人科研经费的投入和资金保障力度，以此提高教育者文化育人的理论深度和理论水平。再次，教育工作者要贴近学生、融入学生，不要摆老师的架子，要在课堂教学和师生互动中，展现教育者的人格魅力，影响大学生人格发展和心理健康。最后，评价教师开展文化育人工作的好坏，把这项评价权利交给学生，让学生对教育者进行综合评分。以上四个方面可以提高教育者的引导能力，促进大学生积极参加文化育人活动。

（三）用社会主义核心价值观引导大学生

社会主义核心价值观是社会的主流价值观，高校开展文化育人活动，要将社会主义核心价值观融入文化育人活动的每一个过程和每一个细节，将社会主义核心价值观融入大学生的课程学习、社团活动、课外生活、实验实习中，让大学生在每一个细节中，感受社会主义核心价值观带来的价值力量，坚定理想信念，树立远大抱负。

首先，高校师生深入学习社会主义核心价值观理论，只有对理论充分把握，才能更好地开展文化育人活动。其次，要挖掘社会主义核心价值观融入文化育人的形式，创新文化育人活动形式，通过多媒体、互联网、影音媒体、舞台表演等形式，创新大学生参与文化育人的实践活动，特别是让非党员的学生、非学生干部的学生参与到文化育人的活动中，给他们创造更多的实践体验机会。最后，要将社会主义核心价值观融入大学生的理想信念教育中，帮助大学生树立远大的理想抱负，坚定理想信念。

四、丰富文化育人的媒介载体

（一）综合使用媒介载体

高校要丰富文化育人的媒介载体，要用发展的、动态的眼光看待高校文化载体。文化育人载体不是一成不变的，它是随着历史、科技的进步而不断创新发展的。因此，我们要创新高校育人载体，不断找到适合高校开展文化育人活动的育人载体。高校文化育人活动的育人载体，不仅是有物质形态的物质结构、物质组织形态，也可以是社团组织、社团机构，这些都是开展文化育人活动的育人载体。

对于传统育人载体，例如纸质书籍、报纸期刊、历史文物，要充分利用、倍加珍惜、妥善管理，保障传统育人载体的长期使用。对于新兴文化载体，例如多媒体、互联网、移动手机、手机 APP 等文化载体，要结合高校文化育人的特点加以利用。高校要加强对互联网的综合治理，对手机 APP 软件进行规范，对大学生进行约束，引导大学生正确使用文化载体，避免大学生受到有害网络意识的侵蚀和干扰。

为了更好地开展文化育人活动，高校要对文化育人载体加以综合利用，发挥育人载体的最大功能；对育人载体进行妥善管理，定期检查和维护；对文化育人载体严格规范，加强管制。充分利用传统载体和新兴载体的优势，综合使用传统载体和新兴载体，同时坚守中华民族传统文化的文化阵地，创新和优化高校文化育人的媒介载体，促进高校文化育人工作的展开。

（二）利用多维度媒介载体

高校要充分利用社会媒介、校园媒介、家庭媒介开展文化育人工作。同时，要将社会媒介、校园媒介、家庭媒介加以综合利用，创新媒介使用方法。

第一，社会媒介要利用社会形成良好的学习氛围，增进高群众对文化育人的了解。发挥社会环境的导向作用，引导群众自觉参与文化育人。发挥社会的舆论监督功能，用先进的文化育人活动或案例进行鼓励宣传，发挥榜样的力量带动群众参与文化育人活动。依靠社会团体和机构加强对群众的引导，促进文化育人工作的落地生根。

第二，发挥校园载体的优势。加强对学生的理论学习和实践的引导，加强教师对学生的理论教育，使大学生坚持社会主义发展方向，坚持社会主义文化发展方向。发挥教师的个人魅力，贴近学生实际，引导学生学习理论知识，参与文化育人活动实践。依托独具特色的校园文化将文化育人的文化内容渗透到大学生的学习生活过程中。

第三，发挥家庭载体的力量，通过家风、家训、仪式教育、文化传承影响大学生成长成才。家长要以身作则，发挥榜样的力量，在实际生活中将文化育人渗透给大学生，滋养大学生的心灵，传承家庭美德。通过仪式教育，如晚辈对长辈的尊称、节日祝福的仪式表达、用餐仪式、告别仪式等，对大学生产生积极影响。通过家族文化、家庭文化的传承和弘扬，引导大学生做人做事做学问，让大学生感受文化的力量，发挥家庭载体对大学生文化育人的影响。

（三）拓展多空间媒介载体

要不断创新和发展传统媒介，妥善保护和管理珍贵的纸质书籍、影音视频、文物古迹、古老文物等实体媒介，定期检查和维护。要不断与时俱进，创新发展、创造实用性更强的实体媒介。充分利用社团组织、机构团体等组织机构的实体媒介作用，发挥文化育人的功能。随着科技的发展，虚拟媒介的使用频率越来越高，要充分利用互联网、大数据、"互联网+"开展高校文化育人工作。

虚拟媒介和实体媒介要综合使用，创新使用方法，实现更好地衔接。虚拟媒介的使用并不意味抛弃实体媒介，也不意味着淘汰实体媒介。实体媒介和虚拟媒介都有自身无法取代的价值和存在的意义，要分清场合，分清时间地点，考虑成本和实施效果，采取最适宜的空间媒介载体开展文化育人工作。充分发挥实体媒介和虚拟媒介的作用。同时，虚拟媒介和实体媒介的创新使用不是两者的简单相加，而是两者的有机融合和互补，是使用方法和使用思维的创新，也是多空间媒介载体视角的创新。

五、加强校园文化的环境建设

（一）繁荣校园文化环境

校园文化环境对高校文化育人的开展有着重要作用，校园环境会对大学生进行文化熏陶，起到润物细无声的作用，帮助大学生在校园文化环境中达到符合国家要求的思想道德水平。繁荣校园文化环境，主要包括三个方面：第一，繁荣校园物质文化环境；第二，繁荣校园精神文明文化环境；第三，创新校园文化环境优化组合。

第一，繁荣校园物质文化环境要充分发挥标志性文化建筑物的文化影响。校园塔、校园湖、校园鼎、校园文化园对大学生的影响是潜移默化和持久深远的，对这些标志性的文化建筑物，要定期检查和维修。同时，扩大绿化面积，提高植被覆盖率，净化校园空气，保障校园绿化环境，对校园文化环境建设进行重点扶持，提供资金保障。营造鸟语花香、书声琅琅的校园文化环境氛围。完善文化育人活动场所。加强对大学生体育馆、图书馆、大学生活动中心、文娱活动室的打造和建设。完善使用条例和使用条规，让更多的文化育人活动场所为大学生服务。

第二，繁荣校园精神文明文化环境建设，学校加强对大学精神、原创文化、校史校训的宣传，营造良好的精神文明文化环境氛围。通过校园标语、条幅、文化牌、宣传片、舞台剧等形式，使大学精神、原创文化、校史校训的宣传无处不在、无时不有。将校园精神文明建设融入文化育人的活动当中，让大学生在实践活动当中重新感受先进文化、先进人物、先进事迹带来的震撼和启发。教育者发挥好教育引导的作用，在课堂和文化育人活动中，对大学生进行精神文明理论教育，提高大学生对精神文明建设的认识。

第三，高校校园文化环境的运用，要使校园物质环境和校园精神环境统一起来，综合使用、协调配合，不能够独自为营、独自发挥。让精神环境作为先导，影响大学生的理想信念和价值观念，再在实践活动中，通过物质环境的影响达到文化育人的目的，实现校园文化环境的综合利用。

（二）坚守网络文化阵地

网络文化环境在文化育人过程中非常重要。网络环境具有开放性、自由性、复杂性、多元性、多变性、隐蔽性等特点，通过互联网，大学生可以与世界相连，足不出户感受世界的变化，同时也会受到网络意识的影响，因此高校要坚守网络文化阵地。

保障高校网络文化环境安全，第一，教育者通过网络论坛、网络讲座、网络宣传片加强对大学生的思想引导，对网络信息有所甄别，帮助大学生在使用互联网的过程中对价值观念进行选择，坚守文化阵地。第二，通过一系列文化育人活动，帮助大学生发自内心地对中华文化实现认同。开展长期、循环有效的文化育人活动，帮助大学生从心底认同、坚守中国文化。第三，高校要不断强化校园网络安全，建设网络保障系统和网络安全机制，对互联网安全进行审核监督，对大学生进行约束，帮助大学生在复杂的网络环境中，坚守网络文化阵地。实现网络领域的安全和稳定，防止文化入侵和干扰，助力高校文化育人工作的开展。

（三）推进校园文化品牌建设

文化育人是德育、思想政治教育、素质教育发展的体现，对高校文化育人的开展应该提出更高要求，在原创文化、大学精神的基础上，结合教育改革的形式，找准高校自身特色和育人特色，打造高校文化育人品牌。创造高校独特的文化品牌，要避免教育模式化、机械化，避免高校千校一面，避免大学生万生一面。每所高校都具有自己悠久的校园历史、独特的校园文化、特色鲜明的校园精神和代代相传的科研道路。独特的高校原创文化影响着每一位学生的发展。推进高校原创文化发展，就要因地制宜地开展校园文化活动，这些活动能更好地展示学校的精神文明成果，对大学生产生积极的文化育人影响。充分发挥校史校训、校园精神、科研道路、先进典型、先进事迹的积极作用，将农林、科技、工业、金融、艺术等各具特色的校园文化，归纳总结形成独创的高校原创文化。结合高校特有的校园精神、先进典型、先进事例、先进人物，开展高校原创文化育人活动，使高校原创文化深入师生身心。

高校开展校园文化品牌建设。首先，高校要高度重视，加强实施。校园文化品牌建设要合理布局、精心谋划。要着重提升校园文化内涵，凝练校园文化和校园特色，打造校园品牌模型。要注重创建方法，充分谋划、合理布局，注重实施手段，有效实施、提高效率，依靠多方群体、多方部门共同创建。其次，结合校园实际特色内容，因地制宜、实事求是、长远谋划。高校要理清、辨别、凝练校园文化特色，因时因地，不断创新和发展。校园文化品牌建设，不是静止不变的发展，而是要立足长远、与时俱进，用动态的眼光来看待校园文化品牌的建设。再次，对校园文化品牌建设，高校要加强资金保障和后勤保障，要提高校园品牌建设的物质基础和理论水平，加大科研经费和实践经费的投入，不断外出学习、总结交流，提升创建者的理论水平和管理水平。最后，通过实验教学基地、校际交流会、校企合作，实现校企、校地、校校之间的文化品牌推广，提高校园文化品牌建设的影响力，将优秀的校园品牌建设作为典型，推向全省和全国。

校园文化品牌建设，将影响高校文化育人活动的实效性、特色性、落地性，会对大学生产生持久深远的影响。校园文化品牌建设将使大学生成为高校文化品牌的践行者和推广者，不仅服务了高校文化的建设和发展，也促进了高校文化育人活动的开展。

第七章　高校思政教育实践育人背景下的服务育人

第一节　高校服务育人的基本理论

一、高校服务育人的基本内涵

（一）服务育人的主体

传统的高校育人机制未能全面地根据学生的身心特点和规律来开展有针对性的思想教育工作，忽视了大学生的主体地位，导致高校育人功能质量下降、效率降低，这已成为高校育人工作中不容忽视和亟待解决的问题。

基于马克思主义"人始终是主体"的论断，我国高校教育必须坚持"以人为本，以学生为本"和"为人民服务"的办学宗旨来发展中国特色社会主义教育。高校服务育人的主体是人，教职工和学生都是高校服务育人的主体，其中，学生是更为重要的主体。高校是一种"人的社会关系"的产物，高校的存在是为了育人，是为人的发展提供服务。一方面，高校教育要坚持以人为本、以学生为中心，在教学服务、管理服务等各项服务工作中营造良好的育人环境，这对于高校的教职工和学生等主体具有潜移默化的教育功能；另一方面，高校的主要群体是学生群体，学生群体为了满足学习需要和发展需要，会对高校教育提出建议和要求，以获取满足自身需要的服务。

（二）服务育人的载体

服务是高校育人的重要载体，服务育人是高校的重要职能之一。高校要在解决好"培养什么人、怎样培养人、为谁培养人"这个根本问题的基础上，进一步明确"我为人人"的服务育人理念。高校服务育人要坚持"教育为人民服务、为中国共产党治国理政服务、为巩固和发展中国特色社会主义制度服务、为改革开放和社会主义现代化建设服务"，其中，首要的是为人民服务。高校在办学教学和日常管理中，要坚持这"四个服务"的宗旨，坚定立德树人的根本任务不动摇。服务育人是高校的职责，高校的各个部门都承担着服务育人的功能，高校教职工在教学工作和管理工作中，都在为学生、学校和社会发展服务，通过高品质的服务育人建设，辐射每一个人，尤其是青年一代。

在服务育人的过程中，要坚持以服务为出发点，以育人为落脚点，用卓越的服务培育卓越人才。在教学过程中，要坚持教学服务育人，以学生为中心，更好地改进教学方式，增强教学效果，提升教学服务育人的质量。在管理过程中，要坚持管理服务育人，坚持学校管理原则，将制度化和人性化结合起来，在管理中服务，在管理中育人，让服务育人主体融入服务育人实践中。

二、人的全面发展理论

（一）人的全面发展理论的基本内涵

1. 人的需要的全面满足

人的需要的全面满足是衡量人的全面发展的重要标志。马克思认为任何人如果不同时为了自己的某种需要和为了需要的器官而做事，他就什么也不能做。从中可见，马克思认为需要是人的本能之一，决定了人的行为，人类社会的历史进程就是人的需要不断得到满足的历史进程。

第一，人的需要具有多样性。马克思、恩格斯把人的需要大体上分为三种，即生存需要、享受需要和发展需要，它们构成了一个全方位、多层次的动态发展系统。人的每一次需要的满足，又会引发新的需要、新的实践，而新的需要的满足和新的实践的实现，又将引发更新的需要、更新的实践，如此循环往复以至于无穷。

第二，人的需要具有层次性。恩格斯指出：在人人都必须劳动的条件下，人人也都将同等地、愈益丰富地得到生活资料、享受资料、发展和表现一切体力和智力所需的资料。恩格斯认为，人的发展的过程就是按照层次递进依次满足自身生活需要、享受需要和发展需要的过程。

第三，人的需要具有发展性。科技的进步和社会生产力的发展，促使人们对物质和精神文化的需要不断提升，期盼有更好的教育、更稳定的工作、更满意的收入、更可靠的社会保障、更高水平的医疗卫生服务、更舒适的居住条件、更优美的环境、更丰富的精神文化生活。到了共产主义社会，人的物质需要和精神需要得到全方位的满足，从而使人提升到一个更加自由的生活境界，也实现了人的需要不断满足和人的全面自由发展两者的完美结合。

2. 人的社会关系的全面丰富

人的社会关系的全面丰富是实现人的全面发展的根本前提。人具有社会性，人的生存和发展离不开具体的社会关系，并且随着社会关系的变化而变化。人如何发展、怎样发展和发展的程度，根本上是由生产力和社会发展水平决定的，但同时也是由生产关系中占据主导地位的社会关系直接决定的。一个人的全面发展程度和社会关系的丰富性是紧密相连的。只有具备丰富的社会关系，人才能够积极参与到经济、政治、文化、法律、民族、伦理、地缘和家庭等各种社会关系中，才能够获得信息、更新观念、增长知识、提升素质；也只有在丰富的社会关系中，人才能够由片面转向全面，逐渐摆脱已有的局限，认识不足，纠正差距，真正实现全面发展。

3. 人的能力的全面提高

人的能力的全面提高是实现人的全面发展的重要内容。只有实现了人的能力和素质的全面发展，才能为社会创造更多的物质财富和精神财富，进而更有力地推动社会的进步与发展，并在此过程中实现人的全面发展。人的能力和素质是多方面的，马克思的"人的能力和素质的全面发展"主要是指"人的才能的全面发展，包括人的体力、智力、自然力和社会力等最大限度的发挥"。人的能力的全面发展首先是个人体力和智力的综合发展。

4. 人的个性的全面发展

人的个性的全面发展是实现人的全面发展的最高要求。人的个性是个体区别于他人的本质体现，人的个性的全面发展是人的全面发展的最高体现。人的个性的全面发展包括主体性的全面提高和独特性的全面发展两方面。主体性的全面提高是指人在与客体相互作用的过程中所表现出来的能动性、创造性和自主性的全面提高。能动性是指人们能动地认识客观世界并改造客观世界的特性；创造性是能动性的最高体现，是指人们具有的对现实超越和突破的特性；自主性是指人能够"使这种力的活动受他自己控制"，也就是说，人们能够对社会实践和自我本身进行控制，它是人的主体性全面提升的最高表现。人的独特性的全面发展是人的全面发展水平的重要体现。没有差异就没有个性，每个个体因为存在不同的需要，产生不同的动机，获得不同的发展，从而形成个体的独特性。

（二）人的全面发展理论对高校服务育人工作的启示

马克思关于人的全面发展理论是社会主义的价值目标，也是服务育人工作的价值目标，是党和国家确定教育方针和教育目标的重要理论依据。服务育人的功能与内涵在这一理论的引领下不断向前发展。

第一，目标引领。高校的服务育人，最终就是要在一系列服务工作中，落实立德树人的根本任务，助力实现人才培养的目标，人的自由而全面的发展就是高等教育的意义所在。大学生正处于价值观形成的关键时期，更需要在科学理论的引领下，提升自己的政治素养和综合能力。

第二，内容引领。人的全面发展理论强调，人的发展不仅包括物质需要的满足，更包括精神需要的满足和人文素质的提高。服务育人正是要在日常生活与管理中，于潜移默化间提高学生的综合素质。党的教育方针和思想政治工作规律、人才的成长规律也表明，高校服务育人工作必须与学生的发展相结合，理应遵循学生的发展规律与特点，进行科学合理、有序有效的育人实践。另外，还要根据学生的发展特点，引导学生学会自我教育和自我管理，保障学生自我发展与教育引导学生相互促进，真正将社会发展所要求的知识能力、价值观念、政治观点、道德规范内化为自身素质要求、外化为自觉行动，最终实现学生的全面而自由的发展。

三、人本主义理论

（一）人本主义理论的育人内涵

人本主义于 20 世纪 50—60 年代在美国兴起，70—80 年代迅速发展，它既反对行为主义把人等同于动物，只研究人的行为，不理解人的内在本性，又批评弗洛伊德只研究神经症和精神病患者，不考察正常人的心理，因而被称为心理学的第三种运动。

该学派的主要代表人物是马斯洛和罗杰斯。马斯洛对人类的基本需要进行了研究和分类，将之与动物的本能加以区别，提出人的需要是分层次发展的。他按照追求目标和满足对象的不同把人的各种需要从低到高安排在一个层次序列的系统中，其中最低级的需要是生理的需要。

罗杰斯在心理治疗实践和心理学理论研究中发展出人格的"自我理论"，并倡导"患者中心疗法"的心理治疗方法。他认为，人类有一种天生的"自我实现"动机，即个体发展、扩充和成熟的趋力，它是个体最大限度地实现自身各种潜能的趋向。

人本主义强调心理学应该研究人的本性、潜能、尊严和价值，强调社会文化应该促进人的潜能的发挥及普遍的自我实现。具体来说，人本主义中的"人"是指具有自然属性、社会属性和意识属性的统一的人，是集现实的人、社会的人、实践的人、自由而全面发展的人于一体的人。对于人本主义中的"本"，我们可以将其理解为基础、根源与归宿。那么"人本"之意，就是把人作为主体来看待，这可以从两方面来理解：第一，在人本主义中，人是一切活动的主体与前提；第二，人是目的而不是手段，在教育领域中，人本主义旗帜鲜明地倡导潜能论、全人教育和情感教育等。

马斯洛的潜能论是把自我实现作为教育的终极目标，认为一个人自我价值的实现包括两方面，既代表着人类共同追求的层面，如对创新、探索、与人为善、团结协作等方面的积极因素的实现，又代表着不同人有不同追求的层面，如对知识储备、社会地位等方面的个人潜能的实现。康布斯认为，个体的行为基本上是由他对自己和周围世界的知觉而定的，他强调要想改变一个人的行为，不能只从行为表现上加以矫正，而必须设法改变他的知觉或信念。他提出，教育的目的绝不仅限于教学生知识或谋生技能，更重要的是针对学生情感的需求，均衡其认知和情感的发展。罗杰斯则认为，要在不断变化的教育情境中，把学生教育成能充分发挥作用的人，他提出的"以学生为中心"的教育思想对教育产生了深远的影响。

（二）马斯洛人本主义理论的合理内核

马斯洛认为人类行为的心理驱力不是性本能，而是人的需要，他将其分为两大类、七个层次，好像一座金字塔，层次由下而上依次是生理需要、安全需要、归属与爱的需要、尊重的需要、认识需要、审美需要、自我实现需要。人在满足高一层次的需要之前，至少必须先部分满足低一层次的需要。第一类需要属于缺失需要，可产生匮乏性动机，为人与动物所共有，一旦得到满足，紧张消除，兴奋降低，便失去动机。第二类需要属于生长需要，可产生成长性动机，为人类所特有，是一种超越了生存满足之后，发自内心的渴求发展和实现自身潜能的需要，只有满足了这种需要，个体才能进入心理的自由状态，体现人的本质和价值，产生深刻的幸福感，马斯洛称之为"顶峰体验"。马斯洛认为，人类共有真、善、美、正义、欢乐等内在本性，具有共同的价值观和道德标准，若想达到人的自我实现，关键在于改善人的"自知"或自我意识，使人认识到自我的内在潜能或价值。

（三）人本主义理论对高校服务育人工作的启示

马斯洛所建构的理想人格特点与奥尔波特的健康人格、弗洛姆的生产性人格、罗杰斯的功能充分发挥作用的个人等人格心理学的结论颇为相似。由此可知，马斯洛的人本主义理论不仅在实际生活领域，而且在理论层面也得到了全面的重视和继承。何以见得马斯洛的人本主义理论有如此大的影响力？在马斯洛看来，人具有两种本能，分别是本能与似本能。似本能不是天生就有的，而是一个人经过后天长期艰苦的学习获得的。这对高校思想政治教育和服务育人工作有重要启示。

高校思政教育的对象是学生，是具体的、鲜活的、现实的人，根据大学生的年龄发展特征，其已具有独立判断的自主意识，因此，高校思想政治教育者应认识到学生的主体地位，尊重大学生的思想，以学生为本，准确把握学生的特点，以引领、引导为原则，使大学生把道德规范、社会责任等内化为自觉自主的意识。

具体到服务育人领域，服务育人的各项事务都应贴近学生的学习与生活，更应回归人的本质。第一，人本主义理论强调自我价值的实现，这与服务育人工作的理念相一致。教育者要善于发现学生的价值，于各项育人工作中增进学生对价值的自我觉察和认同，并鼓励学生分析自己的行为和信念的关系，纠正并提升价值观，从而增强育人效果。第二，人本主义所倡导的情感教育与服务育人所体现的理念相契合。高校在服务育人工作中，不仅要考虑学生学习生活的基本需求，还要关注他们在情绪、情操、态度、道德及价值判断方面的情感需求。第三，"以学生为中心"的思想促使教育者将学生视为教育的主体，并与学生培养良好的人际关系，更好地促进学生的成长。总之，在服务育人工作中，高校要适应时代发展的要求，坚持"以人为本"的理念，尊重学生的主体性，重视其内在导向，只有满足学生成长发展的需求，才能真正激发学生的能动性和积极性，自觉探索新领域、新知识，才能发挥主体成长的最大潜能，从而实现理想并自我超越，彰显高校服务工作的育人功能。

第二节　高校服务育人的实施机制

一、服务育人协同机制

(一) 新时代服务育人协同机制的内涵

1. 协同与协同育人

(1) 协同

对于"协同"，《现代汉语词典》给出如下解释："各方互相配合或甲方协助乙方做某件事。"由此可见，"协同"一词强调的是主体之间的互动目标性及各方相互合作共同实现某一目标的行为。"协同"又是协同学最基本的概念之一，在协同学范畴内的"协同"主要是指"在一个复杂的系统内部，构成这一复杂系统的各子系统之间相互配合、相互影响、相互制约所产生的协同作用和合作效应，而在协同作用的影响下，整个系统便处在自组织的状态，体现在宏观和整体方面就是指这一复杂系统具有结构和功能"。新时代高校服务育人是由多个子系统组成的复杂系统，其内部各要素之间协同合作程度的高低，对于实现教育目标、发挥育人作用、达到育人效果具有十分重要的意义。因此，将协同理念融入高校服务育人的实际工作中显得尤为重要。

（2）协同育人

虽然学界围绕"协同育人"展开了一定的研究，但目前尚没有对其概念和含义做出官方界定或权威解释。研究者徐平利在《试论高职教育"协同育人"的价值理念》一文中，曾将"协同育人"论释为"各个育人主体以人才培养和使用为目的，在系统内共享资源、积蓄能量的有效互动"。袁小平在《高校思想政治教育与创新创业教育的协同育人模式研究》一文中将"协同育人"定义为"两个或两个以上的不同资源或个体在系统内坚持资源共享、优势互补、责任分担、利益互赢、能量积蓄的原则，共同培养符合社会需要的高技能人才的有效互动过程或活动"。协同育人理念强调各育人主体之间相互配合、互通有无，从而实现整体效能的提高，这样不仅能够有效避免各育人主体单兵作战的局面，而且对于提升教育水平、实现育人目标有重要的促进作用。

2. 机制与新时代高校服务育人协同机制

（1）机制

"机制"最早来源于希腊文。这一概念最初运用在自然科学领域，是指事物或者是自然现象的作用原理、作用过程及其功能。随着自然科学的不断发展，"机制"一词逐渐进入社会科学领域，意指构成社会的各要素之间的相互关系、运行过程及其运行原理。简而言之，"机制"强调的是一种相互适应、相互制约和自行调节的关系，以及各要素之间发生的运行过程和相互作用的方式。"机制"一词既包含静态的内部各子系统自身及这些子系统之间的相互关系，又包含动态的相互作用方式和运行过程。

（2）新时代高校服务育人协同机制

这里在系统分析和把握前人研究成果的基础上，尝试对新时代高校服务育人协同机制的内涵进行界定：新时代高校服务育人协同机制是指承担高校服务保障任务的各子系统在遵循协同育人原则的基础上，既各成体系又相互作用，为了实现共同的服务育人目标而形成的相互协作、取长补短、有机衔接的稳定的关系及其内在的运行方式和过程。

作为一种新的理念和模式，新时代高校服务育人协同机制具有以下特征：

第一，系统性。新时代高校服务育人协同机制是由多个要素组成的复杂系统，它通过对系统内的各构成要素进行调整与协同，使之达到平衡、完整的状态，其目标是使各要素组成的整体能够最大限度地发挥其功能，实现整体目标的最优化。因此，机制建设要从整体和全局出发，不仅要构建系统内部的最优结构，还要强调系统整体功能的发挥和整体效果的提升，并最终实现 1+1>2 的功效。

第二，互动性。仅仅依靠学校内部各服务保障部门、家庭或社会等某一单一领域对大学生开展思想政治教育，难以达到预期的育人效果，而且各育人主体不是孤立静止的，而是联系且发展的。因此，必须将各个育人要素整合起来，使各部分既能够单独发挥自身的育人优势，又能相互配合、相互促进、相互补位，共同推动教育目标的实现。

第三，动态性。新时代高校服务育人协同机制，不仅仅是一个静态的概念，它还包括系统内部动态的运行方式和过程。这一特征要求我们用动态和发展的眼光去看待其内在的运行方式和过程，明白服务育人协同机制不是一成不变的，而是随着现实情况的变化不断发展和调整的。

3. 服务育人协同机制构成要素分析

要素是机制研究的重要对象。机制的运行是其内部各要素之间相互联系、相互制约、相互补充并最终实现整体功能和最终目标的过程。因此，对机制内部的各个要素及要素间的相互关系进行探索与剖析，能够为进一步建立健全新时代高校服务育人协同机制提供重要支撑。对机制的要素分析主要从主体要素、客体要素、载体要素和环境要素四个方面展开。

第一，主体要素。它主要是指机制内承担服务育人任务的组织或个人。按其所属的不同领域，可划分为校内服务育人主体、校际服务育人主体和校外服务育人主体三类。校内服务育人主体是指高校内从事服务保障工作的教职员工和职能部门，主要包括思想政治理论课教师、非思想政治理论课教师、校内管理人员、校内服务人员及负责开展学生服务保障工作的各级组织和部门等；校际服务育人主体是指高校之间为实现服务育人协同目标而形成的服务育人联合组织中的成员，主要包括各高校的服务保障部门领导、服务育人先进工作者、师生服务中心工作人员和相关管理人员等；校外服务育人主体是指高校外部承担服务育人任务的个人、组织和团体，主要包括家庭、社会、科研机构、合作单位及其组成人员等。

第二，客体要素。它主要是指思想政治教育的育人对象，这里的客体要素是高校青年大学生。在建立健全大学生思想政治教育协同育人机制的过程中，教育客体的配合对于激发教育主体的育人积极性、推动机制高效运行、提升思想政治教育的育人水平等有着不容忽视的作用。因此，要通过正确且有效的方式对客体实施激励，在这一过程中充分发挥大学生自我教育的积极性，使大学生个人、学生组织和学生团体等发挥能动作用，并且主动参与到高校思想政治教育活动中，与教育主体相互配合，共同推动机制的良好运行。

第三，载体要素。它主要是指思想政治教育的内容和方法。新时代高校服务育人协同机制包含丰富的教育内容，即世界观、纪律与法治观、人生理想、人生价值、爱国主义、社会公德、职业操守、家庭美德等方面的教育。教育方法也多种多样，包括课堂讲授、网络教育、实践活动、大师讲座、环境熏陶、榜样宣传等。在具体的服务育人过程中，教育者要改变单一的说教方式，运用学生们喜闻乐见的方式，将教育内容潜移默化地传输到大学生的心中，并使之外化于行动，从而使机制真正发挥作用。

第四，环境要素。它主要是指机制在运行过程中，与之相关的一系列的客观条件和外部状况，既包含宏观环境，又包含微观环境。服务育人的微观环境主要包括课堂学习环境、学校管理环境、学校生活环境、学校学风环境、校园文化环境、学生家庭环境、学校硬件设施建设、师资状况等；宏观环境主要包括校际育人环境、校企育人环境、网络环境、社会风气、国家大政方针等。环境要素能够通过促进作用或抑制作用影响高校服务育人协同机制的运行效果。

（二）服务育人协同机制实现创新发展

1. 建设并发展大学生事务中心，提供集成式个性化服务

近年来，基于对校园公共资源的合理分配与促进思想政治教育更具成效的思考，我国部分高校尝试将具有学生事务服务性质的工作从学校的各职能部门中拆分出来，建设集教育、管理、服务于一体的线上线下相融合的"一站式"学生事务服务中心，为学生提供校园公共服务。

学生事务服务中心在服务育人理念的指引下统筹协调，整合校内各部门学生相关事务，优化各项事务的办理流程，提高学生事务办理效率，推动学生服务与管理工作由"统一供给"向"个性化服务"转变。随着智慧校园建设的深入推进，不少高校设立了线上学生事务大厅，其与实体事务服务中心互融互通，进一步完善了校园各类公共服务，突破了学生事务服务在空间和时间上的限制，大大节约了学生办事的时间和成本，让学生拥有更多的幸福感和获得感。此外，高校还为学生事务服务中心配备勤工助学岗位，结合服务育人元素开展各种学生活动，将学生事务服务中心打造成学生自我服务、自我教育、自我管理的载体及平台。

2. 构建"互联网+服务"模式，细化服务育人协同机制

在"互联网+"时代，随着信息技术的迅猛发展，新的媒体技术也在不断变革，为服

务工作精细化创造了条件。第一，积极运用信息化手段，方便快捷、科学高效地办理学生事务。例如，在迎新阶段，充分发挥网络媒体的作用，让新生能够在入学报到之前，提前了解学校的基本情况，通过网络完成相关报到手续，入学时只须验证身份信息即可，这样不但能提高学校的工作效率，而且能减轻新生报到时对新环境产生的不安与无措，使其感受到学校的人文关怀。第二，在信息共享中实现部门联动。在高校管理中，往往有许多事务涉及多个部门，动态信息若不能及时共享、反馈，就会出现信息滞后、办事拖延的情况，大大影响学生接受服务的体验感。因此，要充分利用信息技术手段，及时共享动态信息，提高学生事务的办事成效。第三，健全学生事务管理信息系统，设置跨部门的业务流程和相对应的分级授权体系。从方便学生优于方便管理的角度出发，不以基于部门的信息管理系统构建学生事务管理信息系统，而是以面向"办事流程"和"业务场景"的应用为建设模式。

3. 培养学生的主体意识，鼓励学生参与高校管理

长期以来，我国高校实施的是以学校为主体、学生为对象的教育管理模式。但随着市场经济的发展，大学生的思想观念、价值取向发生了巨大变化，当代大学生思想的独立性、选择性和差异性日益增强。首先，高校不仅要充分认识到学生参与校内管理的重要性，积极推动建立学生参与高校管理的机制，完善校务公开制度、学生代表大会制度、校领导接待日制度、学生评教制度等，而且要保障学生能正确、独立地行使决策权、表决权、投票权。其次，高校可以下放管理权力，鼓励学生自我管理。学生会、社团、协会等以学生为主体自行组织，教师仅负责技术指导和把握政治方向。就业服务中心、宿管中心、学生活动中心、资助中心等学生服务机构可聘请学生助理开展教育、管理和服务活动。最后，高校应成立学生监督组织，对宿舍、食堂等涉及学生权益的场所和设施实行管理监督。

二、服务育人保障机制

(一) 服务育人监督机制建设

科学完善的监督机制是保证高校服务育人工作有效推行的重要手段。高校要落实监督制度，加强对服务育人工作各环节的检查、监督和考核，落实服务目标责任制，科学有效地开展服务育人工作。服务育人工作的监督范围包括与学生成长成才息息相关的各职能部门、二级学院、学工队伍。首先，可设立全天候投诉渠道，如学生投诉热线、意见反馈邮箱等，定期开展服务满意度问卷调查，全面督察相关职能部门对服务育人思想的落实程度

及其切实的工作效果，核查各职能部门服务育人工作职权使用是否得当，确保服务育人工作不缺位、不违规。其次，学生隶属于各二级学院，受学院的管理和教育，所以二级学院也是服务育人工作的重要承载单位。校职能部门要强化对二级学院相关职能科室的监督与考核，院领导也要分管各职能科室，加强对学院层面服务育人工作的监督。要重视学生的服务需求，广泛征求学生的意见。最后，要加强对学工队伍日常工作的监督。辅导员是学生日常思想政治教育和管理工作的组织者、实施者和指导者，在日常生活、事务办理中与学生接触最多，其言语和行为都会潜移默化地影响学生。校职能部门及学院领导要注重对辅导员队伍的监督问责，凡在育人工作中不负责任、不履行职责、失职渎职造成不良影响的，要及时按规定给予相应处罚。

（二）服务育人保障队伍建设

1. 注重人员的招聘与培养

坚持公开、公正、公平及竞争择优原则，录用德才兼备的高素质人才投身高校育人工作。持续性地对现有工作队伍进行教育培训，弘扬全员育人教育理念，营造全员育人教育氛围，唤醒全员主人翁意识，提升全员的担当意识、服务意识和奉献意识。积极实施员工素质提升计划，提高他们的服务育人能力，不仅要做好岗位工作的业务培训，还要进行专业的教育培训，包括理想信念、党史理论、管理学、教育学及心理学等培训，为高校服务育人工作顺利开展保驾护航。

2. 优化人员的管理与激励

高校可通过制度强化来保障服务育人工作，不断完善服务育人工作制度建设，建立完善翔实的工作考核标准体系，严格考核教职员工对服务育人工作的参与程度和融入程度，营造"以工作成效为导向"的良好工作氛围。通过激励先进、鞭策后进的方式，提升每位工作人员的积极性和主动性、专业化及职业化能力。此外，对于高校服务育人工作队伍，还可在一定范围内实行轮岗制度，通过阶段考核来进行科学合理的岗位配置。

三、服务育人评价机制

建立评价机制是实现高校服务育人长效机制的一个重要环节，是对服务育人成效进行总结、评估，并进一步指导、完善育人工作的有效途径。高校对育人工作成效的评价方法，一般采取自上而下的定性评价，而评价对象、服务对象则被排除在评价过程之外，难免会导致评价结果具有片面性、不客观性。高校需要建立一套科学、客观的评价机制来衡量服务育人工作的成效，并让评价结果与优化机制有效衔接，更好地围绕学生、关照学生、服务学生，让学生在接受服务的过程中受到思想引领，促进高校服务育人质量的提升。

评价主体可以通过服务育人指标体系科学化、评价过程专业化、大数据的科学应用、评价结果与优化机制相衔接等手段来提升服务育人评价机制的科学性和实效性，进而提升大学生的思想品格，并利用好典型宣传、表彰奖励等正向激励措施结合丰富的教育培训，增强服务队伍的育人意识和本领。

（一）服务育人评价指标体系科学化

高校要以科学完善的评价机制促进服务育人工作的健康长效发展，就必须具有先进的理念、宽广的视野、发展的眼光，遵循新生代大学生的成长规律和个性特征，探索多维立体的科学评价机制。

1. 设置多层次评价体系

坚持定性评价与定量评价相结合、纵向评价与横向评价相结合的评价方法。服务育人工作涉及多个部门、多项事务，机制复杂，需要一套可行的多层次的评价指标体系。一是要坚持定性评价与定量评价相结合，定性评价是以育人成效为立足点，根据评价对象的日常工作、活动材料或荣誉成果，直接给予评价。但这种评价方式易受到评价主体的经验、专业等因素的影响，难以精准把握评价的客观性。因此，高校要结合岗位职责制定服务育人的定量评价指标，运用数据进行更客观、更精准的评价。二是要实行纵向评价与横向评价相结合。纵向评价是指对高校不同时期的服务育人情况进行比较，以确定育人成效的稳定性和发展性。横向评价则是指在同一时期内，将校内不同部门之间、兄弟院校之间的服务育人情况进行对比和评价，弥补纵向评价中主体单一的弊端，着力打通育人工作存在的盲区。

2. 设置先进性评价指标

服务育人评价体系是督促高校做好该项工作的技术手段，高校要顺应时代发展，关注学生个性特征，重新审视旧有的评价指标体系，剔除其中对育人指导意义作用影响较小、模棱两可、形式主义的指标，突显"做工"而非"唱功"。结合学校办学传统、校园文化特色、软硬件配置情况和学生个性特点等要素，从靶向服务、流程创新、教育引导等方向入手，重点关注学生在服务中受教育的目标是否实现，创新设计更加人性化、更有导向性的新指标来促进工作。

3. 探索发展性评价指标

评价的最终目的在于促进发展。发展性评价是指通过系统收集评价信息并进行分析，对评价者和评价对象双方的教育活动进行价值判断，实现评价者和评价对象共同商定的发展目标的过程，旨在促进被评价者的不断发展。高校应关注学生、教职员工、学校、社会发展的需要，在评价体系中体现最新的教育理念和人性化发展趋势，突出评价的激励与导向功能，激发学生、教职员工和学校的内在发展动力，促进其不断进步，让教职员工在服务中获得提升，让学生在接受服务中受到教育，双方都能够在适应社会需求的背景下，最大限度地发掘自身价值。

4. 构建可视化评价体系

可视化评价是指依靠动态数据和可追溯的事实，将隐形的指标转化成显性的、可视的和可测的项目进行定量测量。区别于课程育人和科研育人等显性教育形式，服务育人大多是通过文化熏陶、实践体悟、示范引领等途径，引导学生在潜移默化中接受教育，更多的是属于隐性教育的范畴。构建高校思想政治工作服务育人评价指标体系，应当尽可能让服务育人的主体、客体、过程、效果等具体内容可视可测，从而提高评价结果的准确性和真实性。

（二）服务育人评价过程专业化

通过评价来把控高校服务育人的全过程，可以及时发现育人过程中存在的问题并加以纠正，确保育人目标的顺利实现。而在评价过程中，需要注意以下几点，以确保评价的专业性、客观性和精准性。

1. 保证评价队伍的全面性

服务育人评价队伍的组成越全面，收集的评价信息就越充分，评价结果也就越准确，能够更有针对性地解决服务育人体系中存在的问题。高校可邀请来自政府、学校、用人单位的行业专家和学者，建立校内外结合的监督评价组织体系，结合专家们不同的行业背景和专注点，促进评价指标的全面考量，保证评价结果的质量。同时，相关服务部门也要根据学校的服务育人评价标准和考核条例，定期开展自我检查和相互督察，及时改正服务育人工作中存在的问题。此外，高校应面向全校师生定期开展服务育人满意度调查，根据师生的反馈意见和期望诉求，动态调整服务内容、服务方式和评价机制，从而增强服务育人的效益。

2. 保证评价过程的公开性

高校服务育人评价机制的主要功能将评价结果公正、及时、准确地反馈给评价对象，促进其提升服务育人质量。为保证服务育人工作的评价结果能够切实发挥作用，在评价过程中需要做到全程公开，接受群众的监督，让服务育人评价工作不走过场、不变样。公开化评价还能让相关部门与工作人员心存戒律，认真贯彻落实服务育人的工作要求，时刻审慎自身的行为举止和道德修养，通过提供服务引导学生健康成长。

（三）服务育人评价科学应用大数据

随着互联网的高速发展和推广，人们的社交网络不断延展，思想意识和行为方式都发生了深刻变化。大数据时代造就了新的社会环境，改变了传统的社交方式。目前，高校学生群体是被称为"网络原住民"的95后、00后，高校思想政治教育评价主体发生了很大变化，评价方法也必然需要创新性发展。之前，仅仅依靠问卷调查、职员述职、群众座谈、实地考察等形式得出结论的方式，主观经验判断的成分过大，评价方法的科学性、客观性不足，而实证量化分析又容易产生过度量化的现象，评价过程无法动态更新。

新时代，高校服务育人评价机制也可以借助大数据在收集、存储、处理与分析数据方面的优势，对服务数据进行挖掘，建立动态监测的大数据评价体系。科学应用大数据不仅可以对已有信息进行采集、汇总，而且有助于摆脱依靠直觉主观判断对被评价者内在真实素质的误判，使评价更加精准、客观、动态、长效，同时还可以推导出准确的预判结果，更有针对性地将思想政治教育贯穿于服务中，既符合时代的要求与特色，又契合评价主体的行为特征，从而切实提升育人效果。

（四）服务育人评价结果与优化机制相衔接

监督评价体系能否发挥作用，关键在于其是否能得到有效的反馈和落实，即是否建立了监督评价的闭环。对评价结果进行科学合理的反馈，并以此为依据优化和改进服务育人工作的方式方法，既能让系统的评价发挥应有的作用，又能保障下一阶段工作的正常开展。服务育人的监督评价要形成闭环，不仅应该做到有依据、有组织，还要做到有督办、有落实、有反馈、有巩固、有奖惩、有记录。这样，监督评价效能才能最大化，高校的服务意识、服务能力、服务质量和育人水平才能在改进中不断提高。

首先，要强化监督考核效能，落实服务目标责任制。把服务质量和育人效果作为评价服务岗位效能的依据和标准，选树一批服务育人先进典型模范，培育一批高校"服务育人示范岗"。其次，要正确引导对评价结果的认知，扩大评价结果的影响效力。评价结果不能仅仅体现在简单的奖惩方面，应当更好地发挥其激励和发展功能。评价不光是为了监督和考核，更是为了发现服务育人工作中存在的问题和不足，并采取恰当的方法，使其在现有的基础上得到实实在在的改进和发展。再次，根据评价结果可以及时发现学生思想素质中的显性问题和隐性缺陷，继而对服务育人工作者和学生开展更具针对性的主题教育、团体辅导等活动，或采用各种形式的干预机制。最后，通过全面的评价渠道，高校可以进一步了解学生的实际需求和日常困惑，提供靶向服务，更精准、更智慧地促进学生的全面发展，真正彰显评价机制的价值与意义。

第三节 高校服务育人的实施路径

一、环境育人

（一）环境育人的内涵及功能

1. 制约功能

人会受到不同环境的影响和制约，在大学校园，学生的思想和行为也时刻受环境的影响与制约。整洁幽静、错落有致的校园环境可以使学生心情舒畅、平静恬淡，全身心地投入到学习和生活中，从而产生心理上的满足感、自豪感和归属感。优雅的校园环境可以给学生一种心理暗示，使他们在内心深处产生一种对优美环境的热爱，进而自觉爱护校园环境，抵制破坏校园环境的不良行为。同样，干净整洁、窗明几净的寝室环境能使大学生们养成良好的生活和作息习惯，并促使他们积极维护环境，久而久之，大学生就会逐渐形成自律和他律的意识。

2. 培育功能

影响大学生心理健康发展的因素十分复杂，其中环境因素起着非常重要的作用，甚至是决定性的作用。作为大学生学习、生活和成长的重要场所，校园自然环境和生活环境对大学生的心理健康既有正面影响，也有负面影响。优美的校园自然环境和生活环境是给学生施加正面影响的肥沃土壤，既能最大限度地调动学生的主动性和积极性，提高其学习的效率，又能有效地促进学生心理的健康发展和良好心理素质的形成。如合理的校园布局、凝聚历史文化及世界文化的建筑、宽敞明亮的教室、宁静而带有书香气息的图书馆、整洁而舒适的宿舍、鲜花与古树相伴的校园小路、壮丽激情的运动场、色彩斑斓且充满青春活力的学生活动中心及洁净并伴有饭菜香味的食堂等，这些不但有助于减轻或消除学生学习上的疲劳，而且能使学生感受到学习生活的舒畅、美好和安宁。由此可见，优美的校园环境就像"润物细无声"的春雨，潜移默化地影响着学生的心理，使其不断完善自我，达到身心健康成长的目的。而低劣、粗糙的校园自然和生活环境对学生心理的影响是消极的、不健康的，甚至是有阻碍的。如噪声充斥、垃圾遍地的校园环境，会使学生情绪低落、心情烦躁、厌学，进而产生心理障碍等现象。

3. 导向功能

许多高校的建筑都独具风格和特色，彰显出历史和文化的底蕴，无言地对学生进行着思想品德教育、中外文化教育和素质教育，引导着学生的思想和行为。如北京大学的红楼，在这里学习和生活过的人无不受到它的感染，从而产生热爱校园、热爱集体、热爱祖国、热爱科学的思想观念，并形成正确的价值观、人生观。由此可见，高校环境无时无刻不对学生发挥着导向作用，并且这种导向作用不是短期的，而是在较长时间内持续发挥作用。

4. 审美和教养功能

文明行为和审美能力是人才素质的重要组成部分，而高校环境是培养学生文明行为和审美能力的无声课堂。高校环境在培养学生的文明行为方面具有教养功能，在培养学生的审美能力方面具有引导功能。蕴含着自然美、人文美、结构美、隐性美的校园建筑，本身就是培养学生文明行为和审美能力的生动教科书，置身其中，学生会在不知不觉中受到美的享受和熏陶，从而不断提高审美能力。优雅的校园环境还会渗透并成为学生自身修养与涵养的一部分，使学生学会自我管理、自我教育、自我服务。校园环境能不知不觉地提高学生的审美情趣，潜移默化地影响学生的涵养，这是校园环境育人的重要功能。

环境育人在教育理论中占有重要的地位。教育实践证明，好的环境有利于控制人的情绪，抑制不良行为，能陶冶情操、美化心灵、启迪智慧、激发灵感；环境越复杂，消极因素越多，其负面影响就越大。因此，高校服务保障部门应充分认识到环境育人的功能特点，明确环境对人的性格的形成和发展具有潜在的力量和巨大的作用，并以此来指导工作的开展，真正在实践中达到环境育人的最终目的。

(二) 环境育人的途径

1. 学习条件的满足

与学生学习直接相关的学习条件是指图书馆、教室、实验室等条件因素。良好的学习条件既能催人奋进，又能影响学生的言行，陶冶学生的情操。随着我国高等教育事业的不断发展，国家在教育基础设施建设、教师队伍建设和教育环境建设上予以极大的支持和投入。各高校除了继续关注教学质量外，纷纷将目光投向办学条件的改善，特别是在基础设施建设上多方面筹措资金，新建、改建、扩建各种途径并举，涌现出一大批适应现代教育发展、功能齐全的教学楼、综合楼，师生人均拥有的建筑面积有了很大的提高，教学设施不断完善，学生的学习条件得以改善。

2. 生活条件的满足

生活条件是指与学生生活直接相关的学生食堂、寝室等条件因素。"民以食为天"，学生食堂是学生每天必去之地，其条件的好坏不仅影响学生的食欲，还向学生传递着各种观念和信息。随着高校服务社会化改革的深入，现代化的食堂在各高校崛起，新建的食堂与传统的食堂相比有了很大的区别：新食堂不满足于提供可口的食物，还在设计上充分考虑通风、采光等各种因素，使整体的就餐环境显得分外明亮、舒适；在建造上，厨房面积与餐厅面积达到相同的比例；在设施设备上，采用比较先进、方便学生使用的设施设备，餐厅安装的电视机在学生就餐时播放新闻、体育和音乐等学生喜爱的节目，让学生及时了解国内外新闻及校园新闻。风味餐厅提供不同品种的食物以满足不同学生的需求。现代化的高校食堂不仅提高了劳动生产率，还使大学生的不同消费需求得到了很好的满足和保障。

二、行为育人

(一) 行为育人的内涵及功能

1. 行为育人的内涵

行为育人，是指通过人的有意识、有目的的社会活动，通过人与环境相互作用而产生的他人可通过感官直接观察到或感知到的行为，这些行为对他人产生了积极影响，达到了教育他人的作用。高校服务的行为育人，是指服务工作者在提供优质服务的行为过程中，通过文明举止、规范语言、整洁装容、准确操作直接或潜移默化地影响、教育大学生，使其从中受到教育，实现行为"育人"目的。当然，育人必先育己，服务工作者应具有强烈的育人意识和高度的责任感，以一个"不上讲台的"教师的身份来要求自己、约束自己、规范行为、提高层次、提升修养，树立完美的职业形象，把育人工作通过行为方式切实延伸到大学校园的每一个角落。由此可见，行为育人主要具备以下特质：

(1) 广泛性

大学生学习、生活的方方面面都与服务部门有着密切关系，服务部门的每项工作、每位工作者都会与学生接触，其对学生的影响是全方位的。服务人员的精神面貌、仪表、气质、工作作风、专业技术知识等诸多方面会直接影响大学生；服务管理的规章制度也在约束、引导学生的成长。可以说，只要大学生在学校，他就在接受高校服务部门隐性或者显性、直接或者间接的教育。高校服务形式的多样性决定其育人形式的多样性。只要高等教育和高校存在，高校服务部门的行为育人工作就必须长期、全面地推进和落实。

（2）潜移默化性

行为育人并不是教师直接面对学生进行思想政治教育，而是通过服务工作者的工作形象、工作作风、工作精神来感染学生，通过创造良好的服务环境，以持久、细微的方式如春风化雨般感召、熏陶、陶冶学生的情操，从而达到行为育人的目的和效果。在长久的熏陶过程中，高校服务工作者各种好的行为、作风一点一滴地浸润大学生的心灵，扎根到其心灵深处，形成良好的德育认知，成为大学生自觉的道德行为。

2. 行为育人的功能

（1）示范功能

服务工作者是大学生在校园内接触最多的一类工作人员。大学生无论是步入餐厅、公寓、教室、超市，还是走在校园大道上，都能见到辛勤工作的服务人员，他们可能是炊事员、管理员、销售员，也可能是环卫员，他们的一言一行、一举一动都深刻地影响着周围的学生，并起到行为示范作用，如服务规范、语言谦和、表情友善、举止礼貌。在日常生活中，服务工作者也许是随意的，但在工作岗位上，他们一定是认真敬业的。如果一个服务工作者在工作中松松散散、举止无度、不拘小节，就会极大地损害自身形象，引起学生反感，甚至会给学生起到反面的示范作用，造成不良影响。服务工作者的行为示范功能对育人工作有着举足轻重的作用。

（2）引导功能

成长中的大学生个体都有向上、向真、向善、向美的价值追求，但他们的群体行为存在明显的矛盾性，往往是积极行为与消极行为、主流行为与支流行为同时存在，这给大学生的成长过程带来了一些不确定因素。大学生虽是高文化水平群体，可其正处于青春冲动期，心智还不够成熟，阅历还不够丰富，需要服务工作者适时地给予正确的行为引导，尤其是在食堂、公寓等场所。因此，在发挥行为示范功能的同时，服务工作者要研究大学生的实际需要，及时掌握学生的思想动态，既要从大学生所处的时代特征和心理年龄特征出发来开展工作，又要切实解决他们存在的实际困难，更要用实际行动引导大学生坦然地面对生活中出现的各种困难。

（3）渗透功能

人在相同的成长环境中，由于长期的耳濡目染，其性格、气质、素质和思维方式等方面都会有相似之处，正如人们常说的"近朱者赤，近墨者黑"。因此，服务工作者的行为会对大学生的成长产生影响和渗透作用。人在青春时期对外界的影响更为敏感，每一位服务工作者都应在工作态度、道德修养和言行举止方面严于律己，以自己好的思想、好的作风影响和教育学生，久而久之，便会在学生群体中产生良好的渗透影响，并得到广大学生的理解和尊重。

（4）塑造功能

人的行为习惯不是一朝一夕就能养成的，一旦养成就会保持相对稳定，但也不是一成不变的，它具有一定的可塑性。正因为行为习惯具有可塑性，培养大学生良好的行为习惯才成为可能。任何行为习惯的养成，都是把所接受的外部的社会要求逐步转变为自己内部需要的过程。一个好习惯会影响人的一生，一种好修养会成就人的一生，好习惯、好修养是一个人事业成功的基本保证，而服务工作者良好的行为示范对大学生行为习惯具有塑造作用。

（二）行为育人的理论依据及现实意义

1. 行为动机理论

人的行为无一不是动机性行为。"动机"原意是指引起动作之意，即引起个体行为、维持该行为并将此行为导向某一目标的过程。凡能引起行为发生的原因或条件皆可称为动机。例如，眼睛在强光的刺激下收缩，可视为动机行为。当一个动机获得满意，另一个动机继之而起，或同时有好几个动机引导一个人的复杂行为。动机的种类很多，归纳起来主要表现为以下三类：

（1）生理性动机

它是由身体内部生理平衡状态的变化而产生的，是生物共同的需要，又称为原始性驱力，或称有机性需要。

（2）心理性动机

人的行为的另一个重要来源是心理因素，如恐惧和愤怒的情绪，寻求愉快、满足好奇心的探索等，都是心理性动机的反应。

（3）社会性动机

社会性动机来源于在后天社会环境下学习而获得的需要，又称为"学习动机"或"衍生性动机"。这种动机是个体对社会的人际互动关系经验的总结。个体本能的驱力，可以被社会化的学习所改变，也可能被生理发展本身的变化所改变。各种动物都有其本能性的行为，人的行为也不例外，但人的本能性行为受社会和文化的熏陶而改变的程度比动物大得多。

2. 行为育人的现实意义

(1) 有利于培养大学生的责任意识

遵纪守法是大学生在日常学习、生活中必须具备的最基本的行为要求。遵纪守法规范教育，是一种学会做人做事的养成教育。培养学生遵纪守法，就是要培养他们对国家、对民族、对社会、对学校的责任感，造就他们最基础的人格。高校后勤规范制度的实施，有利于大学生依法行事习惯的养成，改变以自我为中心的观念，增强服务他人的意识。具备服务意识是一个人立足社会的基本条件，服务意识的培养应该贯穿于大学生学习生活的方方面面。高校服务保障部门通过优质服务承诺活动的开展，使大学生们耳濡目染；通过规范服务行为，言传身教，能增强大学生的责任意识，为他们走上社会打好基础。

(2) 有利于大学生养成良好的行为习惯

大学生的行为习惯关系到千家万户，关系到我国的社会风气。目前，部分大学生还存在行为认知与实际行动不一致的现象，高校服务保障部门通过对大学生的日常行为进行规范管理，充分发挥行为育人的功能，有利于大学生养成良好的行为习惯。

(3) 有利于大学生树立正确的价值观

在新的历史时期，随着社会结构的全面转型，大学生的行为取向发生了新的变化。通过对大学生日常行为的引导，注重基础文明教育，培养学生的仁爱意识，有利于大学生处理好个体和集体的关系，正确把握社会主导价值取向，树立正确的世界观、人生观、价值观，增强事业心和责任感，提高明辨是非的能力和防微杜渐的自觉性。

(三) 行为育人的途径

1. 规范服务影响人

所谓规范服务，是指将通行的或约定的行业规范作为服务的客观标准，要求从事该服务的工作人员必须在规定时间内按标准进行服务。要提高服务质量，离不开制度保障。为了更好地为教学、科研及师生生活提供保障，高校服务保障部门必须制定各项规章制度，使各项管理有章可循，如从住宿、就餐到乘车、用水、用电都应按制度来约束、规范、调整个人行为，要求服务工作者及大学生自觉遵守和执行各项规章制度，这对大学生牢固树立纪律观念，养成良好的生活习惯和文明修养，都将起到促进作用，也有利于培养大学生的规则意识和规范意识。同时，服务工作者按照有关管理制度的要求对大学生的某些行为进行直接指引和示范，可使大学生的行为朝着规范的方向发展。服务工作者在管理和服务的过程中，必须认真落实各项规章制度，不折不扣地做到按章办事。高校服务工作者只有牢固地确立行为规范准则，并做到规范服务，才能对大学生的生活和工作行为产生良好的影响。

（1）规范体系

高校服务社会化改革的内涵是后勤服务的社会化，社会化的目标是要建立"市场提供服务，学校自主选择，政府宏观调控，行业自律管理，职能部门监督"的新型高校服务保障体系。随着高校服务改革的逐步深入，高校内部的服务模式按照市场开放程度出现了三种情况。但是，无论是哪种模式，高校服务社会化改革都只是一种手段，其最终目的是建立和完善优质高效的服务保障体系，以促进高等教育的发展和全方位人才的培养。因此，优质、高效、规范的服务才是高校服务改革应坚持并不断追求的方向。

高校服务保障工作要实现由粗放型、经验型的管理转变为高质量、高效率、高水平的管理和服务，必须深入推进行业标准化建设。事实上，越来越多的高校认识到标准化建设是规范工作流程和保证服务质量的有效手段，如今许多高校后勤纷纷导入国家质量管理体系，以顾客关注为焦点，覆盖本单位管理服务的各个领域。

（2）规范行为

培养大学生的最终目的是使之养成符合社会规范和教育目标的良好行为习惯和道德习惯，而习惯本身具有情境性和下意识性的基本特点，一旦遇到相同的情境，人就会自动地做出符合要求的反应而不需要管理人员的强制和监督，如见到老师会下意识地说出"老师好"，就餐时会自动排队，习惯性地将垃圾放进垃圾桶，等等。行为习惯的培养不仅仅属于学校教育的范围，更属于整个社会精神文明教育的范围，高校服务保障部门这个特殊群体应树立服务意识，转变服务态度，强化服务规范性，并在潜移默化的过程中践行无声有形的行为育人，久而久之就会对大学生的意识行为产生影响。

据统计，大学生在校的大部分时间是在宿舍、教室、食堂、文体活动室等场所里度过的。而大学生良好行为习惯的养成，除了取决于大学生自身的素质之外，学校服务工作者的行为对其也有重要的影响。服务工作者强烈的事业心和责任感、良好的工作作风，对大学生来说是一种无声的教育和引导，可促使他们学习和效仿；在服务过程中，服务工作者热情周到的服务，真心的关怀和体贴，想他人所想、急他人所急的热心行为，能创造良好的服务环境，增进与服务对象的亲近感，赢得大学生的尊重和理解。

2. 人性化服务感化人

人性化服务是指以人为本，全心全意为消费者提供优质的服务，给消费者以人文关怀。它是近年来备受赞赏和推崇的一种服务模式，有人将其称为新世纪服务模式的一场革命。人性化服务要使服务符合人性，服务者在服务过程中要认识人性，重视人的尊严与价值，包容人性的弱点，同时以满足人对资源的需求和社会的需求（安全感、舒适感、自由、权利、关心、尊重、心理满足等）为核心和动力来开展服务。简而言之，就是主张以人为本、以人为中心的服务。随着社会生活水平的提高和人们消费观念的改变，满足广大学生的人性化服务要求已引起高校服务保障部门的高度关注和重视。如何通过人性化服务持续改进和提高高校服务保障部门的服务质量，并在此过程中实现行为育人是值得探讨的问题。

高校服务的主要对象是大学生，对大学生的服务是否得法，是否符合他们身心发展和内心诉求等特点，将直接影响服务育人的质量。如果服务工作者能够从大学生身心发展特点出发，使自己的行为育人活动更具针对性，必然能使大学生在享受优质服务的同时感受到更多的温暖。"十个指头有长短"，学生心智和个性的发展各有不同，服务工作者应承认并接受这种不同，尊重学生的个体差异，在可能的范围内尽量满足学生的个性需求。高校服务保障部门的人性化服务是指以大学生需求为中心，高度重视大学生情感和心理上的满足，通过为大学生提供全方位、精致化、个性化的服务，获得大学生的认同和满意，使大学生在校园内舒适地生活。其实，人性化服务是对细节的关注，是服务的较高境界。

参考文献

[1] 尹新，杨平展. 融合与创新——高校教育信息化探索与实践 [M]. 长沙：湖南科学技术出版社，2018.

[2] 王昕晔，谢铮，宿哲骞. 高校课程思政建设与人文精神的培养 [M]. 北京：北京工业大学出版社，2018.

[3] 杨如恒. 新时代大学生思政教育 [M]. 石家庄：河北人民出版社，2018.

[4] 白慧颖. 成长成人成才之探索——基于高等教育改革的视野 [M]. 北京：知识产权出版社，2019.

[5] 张玲，赵鸣. 新时代高校大学生思想政治工作体系构建与质量提升 [M]. 天津：南开大学出版社，2019.

[6] 付梅，陈瑞琪. 艺术类高校思想政治课创新学习与实践手册 [M]. 昆明：云南大学出版社，2019.

[7] 陈玉书，刘素芳，王宁初. 高校思想政治理论课学习与实践指导 [M]. 北京：中国言实出版社，2019.

[8] 李娟. 全媒体环境下高校思政教育改革创新研究 [M]. 北京：北京工业大学出版社，2020.

[9] 秦艳姣. 全媒体环境下高校思政教育新探索 [M]. 北京：北京工业大学出版社，2020.

[10] 潘子松. 创新创业教育与高校思政教育的融合研究 [M]. 北京：北京工业大学出版社，2020.

[11] 陈金平. 多媒体时代高校的思政教育研究 [M]. 北京：北京工业大学出版社，2020.

[12] 田俊杰，刘涛. 高校网络舆情管理与思政教育创新——基于网络身份隐匿视角的研究 [M]. 杭州：浙江大学出版社，2020.

[13] 王俊棋，王昕. 大学生文化素质教育课高校课程思政教学示范教材·全球化与中国文化 [M]. 成都：西南交通大学出版社，2020.

[14] 李大凯，刘金鹏，朱琳. 一线教师谈——大思政背景下的思想政治教育 ［M］. 天津：天津人民出版社，2020.

[15] 王静. 全球治理人才培养背景下的思政教育体系建设 ［M］. 北京：中国商务出版社，2021.

[16] 张喜华. 北京高校大学英语课程思政报告 ［M］. 北京：北京旅游教育出版社，2021.

[17] 山述兰. 四川高校网络思政优秀工作案例 ［M］. 成都：西南交通大学出版社，2021.

[18] 钟家全. 互联网与新时代高校思想政治教育队伍建设 ［M］. 成都：西南交通大学出版社，2021.

[19] 刘仁三. 新时代高校思政育人理论研究与实践探索 ［M］. 北京：中华工商联合出版社，2021.

[20] 汪广荣. 新时代高校思政课 STEMP 教学设计模式探究 ［M］. 厦门：厦门大学出版社，2021.

[21] 范福强. 高校思政教育与大学生择业的研究 ［M］. 延吉：延边大学出版社，2022.

[22] 寇进. 全媒体环境下高校思政教育创新研究 ［M］. 延吉：延边大学出版社，2022.

[23] 刘珺，彭艳娟，张立军. 社会主义核心价值观与高校思政教育工作理论创新研究 ［M］. 北京：新华出版社，2022.

[24] 尤广杰. 高校英语思政教育理论与实践 ［M］. 北京：中国旅游出版社，2022.

[25] 韩晨泽. 高校网络思政教育平台的构建及其应用研究 ［M］. 沈阳：辽宁人民出版社，2022.

[26] 梁杰华. 高校心理健康教育"课程思政"建设研究 ［M］. 长春：吉林大学出版社，2023.

[27] 孙小博. 高教视界·课程思政与高校思想政治教育的整合与互动研究 ［M］. 北京：北京教育出版社，2023.

[28] 张浩. 国际中文本科教育课程思政案例 ［M］. 北京：北京理工大学出版社，2023.

[29] 石国华. 高校思政课程改革与教师职业素养提升 ［M］. 长春：吉林大学出版社，2023.

[30] 仇瑛. 高校思政金课建设的逻辑理论与实施路径研究 ［M］. 长春：吉林大学出版社，2023.

[31] 史炳军. 新时代高校文化安全教育研究 ［M］. 北京：光明日报出版社，2023.

[32] 崔玉娟. 新时期高校思想政治教育教学与反思研究 ［M］. 长春：吉林大学出版社，2023.

［33］邢亮. 新时代高校党建与思想政治教育浅论［M］. 北京：新华出版社，2023.